# すごいすごい人の流儀

伊藤 正二郎
エイベックス・スポーツ株式会社
代表取締役社長

サンマーク出版

そこで、社会的影響力や好感度を高める方法として、私はいつも「3C」という技術を用いています。

これは長年、コンテンツ価値を最大化する仕事に携わってきたなかで培ったノウハウで、**「スーパースターを創る技術」**として、さまざまな場でお話しさせていただくこともあります。

といっても、けっして難しいものではありません。

**「コンセプト（Concept）」**を決める。

コンセプトを外見・主張・行動に反映させ、**「一貫性（Consistency）」**を持たせる。

一貫性を**「継続（Continuity）」**させる。

コンセプト、一貫性、継続の三つ。それだけ。とてもシンプルです。

**人が人から認知され、評価される要素は「外見」「主張」「行動」の三つしかありません。**そのため、どんな外見で、どんな主張をし、どんな行動を取るのかが重要になります。

そのとき核となるのがコンセプトです。

コンセプトとは、その人の強みや物事に対する姿勢、雰囲気、イメージなどを表すものであり、それと同時に差別化と優位性の源泉ともなります。

クライアントであるアスリートの価値を高めるとき、私はまずコンセプトを決めます。そして、**決定したコンセプトがアスリートの外見・主張・行動に反映されるかどうかを元に、すべての案件を取捨選択し、決定をくだします。**

こうしてクライアントの一挙手一投足に一貫性を持たせ、それを継続していくと、次第にアスリートのコンセプトが多くの人に認知され、共感を得るようになる。

結果として、そのアスリートの価値は最大化し、単なる「アスリート」や

「スター」ではなく、「トップアスリート」や「スーパースター」と呼ばれるような存在になっていくのです。

たとえば、ダルビッシュ有選手のイメージは「世界」「技術」「緻密」「努力」などだと思いますが、誰よりもストイックにトレーニングや体調管理に励み、世界の舞台で戦う彼の生き様を表すコンセプトそのものでもあります。

彼の普段の生活はまさにコンセプトどおりですし、広告・メディア・イベントなどへの出演の依頼をいただいても、**案件内容と彼のコンセプトが残念ながら一致しなければ、どんな好条件のオファーでも恐縮ながらお断りさせていただいています。**コンセプトが反映できる案件だけを選択し続けているのです。

また、本田圭佑選手に対して「素朴」「退化」「画一的」といったイメージを持っている人はいないと思います。

それは、メディアに露出する際に「スタイリッシュ」「進化」「強烈な個性」

といった、彼から抽出したコンセプトを外見・主張・行動に反映させ、一貫性を持たせたことが、彼のイメージづくりに一役買っているからではないかと思います。

コンセプトを外見・主張・行動に反映し、一貫性を持たせ、継続する。

この「3C」――価値を高める技術によって、アスリートの価値は最大化し、コンセプトに沿ったすばらしいオファーを頂戴し、その結果、多くの方々に強烈なインパクトと笑顔をお届けすることができるのです。

## あなたが「すごい人」になれる最大の理由

前人未到の大記録を成し遂げたトップアスリートや、何万人もの観客を熱狂させるすばらしいアーティストなど、さまざまな**「すごい人」はみな、３Ｃ的な生き方をしています。**

つまり、３Ｃ的な生き方こそが、その人を「すごい人」へと押し上げているのです。

そして重要なのは、これがアスリートやアーティストなど、特殊な世界で輝いている人だけにかぎった話ではないということです。むしろ、スポーツ界やエンタメ業界などとは縁遠い方が輝くためにこそ、大いに生かせる手法ではないかと思います。

なぜなら、アスリートの世界もアーティストの世界も、生涯を通して第一線で活躍し続けることが至難の業だからです。

あなたの人生に比べ、アスリートやアーティストが現役として輝ける期間はほんの一瞬です。それに比べて、あなたが3Cに費やせる期間は遥《はる》かに長い。人生に「引退」の二文字はありません。

つまり、いつかは第一線から退かなければならない彼らよりも、**あなたのほうが3C的生き方を実践できる時間が多く、その分「すごい人」になれる可能性も遥かに高い**のです。

「3C」はいわば夢や目標を実現させるための方法です。

あなたは残された人生のすべての時間を、夢や目標を実現させるために使うことができます。

なお、本書は3章構成になっています。

まず、第1章では「コンセプト」について説明します。どのような観点から、どうやってコンセプトをつくればいいのか。その疑問にお答えしましょう。

次に、第2章では「一貫性」について説明します。何にコンセプトを反映させればいいのか、一貫性を持たせることでどのようなメリットがあるのか、などがわかるはずです。

そして最後に、第3章で「継続」について説明します。一貫性のある生き方を続けるうえでの心構えが中心の話です。

この「3C」を使うと、「本当の自分」や「なりたい姿」にふさわしい生き方をすることになるはずです。すると、あなたがどういう人間なのか、どういう思いや考えを持っているのかが周囲に知れ渡ります。そして、ますます自分らしく生きられるようになって、結果として、望むような未来や成果を得られる――。

たとえば、サラリーマンであれば会社で**やりたい仕事を任される**かもしれませんし、起業をしようとしている人であれば**同じ考えや志を持った人を集めやすくなる**でしょう。学生の場合は**就職活動でのミスマッチをなくせる**でしょうし、**毎日気の合う仲間に囲まれて生活できるようになる**かもしれません。

コンセプトを反映し、一貫性を持たせ、継続する。

この「3C」をご自身で徹底的に実践すれば、分野は違えども、それぞれのフィールドにおいて、「すごい！」と思われるような人となれるはずです。

そう考えると、トップアスリートも人気アーティストも遠い存在でもなければ、雲の上の存在でもありません。

人の価値は無限に高めていくことができる。

そして、誰もが、「すごい人」になれる。

私はそう確信しています。

伊藤正二郎

すごい人のすごい流儀●もくじ

［プロローグ］



## 第1章 「すごい人」は自分を一言で表せる

## 第2章 「すごい人」は一本筋が通っている

## 第3章 「すごい人」はなにがなんでもやめない

■ブックデザイン――穴田淳子（ア・モール・デザイン室）
■構　成――株式会社コンセプト21
■本文DTP・編集協力――株式会社鷗来堂
■編　集――小野佑仁（サンマーク出版）

# 第1章

# 「すごい人」は自分を一言で表せる

# 自分を「単語」で表現できるようになりなさい

アスリートが企業や商品の広告キャラクターとして出演するのは今や珍しいことではありません。テレビではサッカー選手の出演するスポーツ飲料のＣＭが流れ、街に出れば野球選手がポーズを決めた腕時計の大きな看板があり、雑誌を開くとプロゴルファーが英語教材の効果を語ったりしています。

幸いなことに、私のクライアントであるトップアスリートのもとにも、出演依頼が数多くあります。また、逆にこちらから企画を提案する場合も珍しくはありません。

どちらの場合も、企業や商品のコンセプトとアスリートのコンセプトが合致していなければ意味がありません。**ただ単に「有名人だから」「社長がファンだから」というだけで、コンセプトが合わないまま広告に出演しても、両者の**

**価値は高まらない**でしょう。

トップアスリートが出演することで、商品特性がグッと引き立ち消費者の記憶に残らなければ広告自体の意味がないですし、同様に広告を通じて彼らに対する視聴者の好感度や認知度が高まらなければ意味がないのです。

そこで弊社のようなマネジメント事務所は、企業に対しアスリートを紹介するための「宣材（宣伝材料）」と呼ばれる資料を用意しています。

この資料には、アスリートの写真と略歴、獲得タイトルや、芸能活動の出演実績などとともに、そのアスリートを象徴するような言葉も掲載するようにしています。

たとえば、ダルビッシュ有選手の場合は「世界」「技術」「緻密」「努力」といったキーワードです。もし広告出演を依頼してくださった企業様の広告コンセプトが「緻密な技術を武器に世界へ飛び立つ」というものであれば、「世界」

「技術」「緻密」などのキーワードを共通点として見出すことができ、選手の魅力を広告上でも表現させていただくことが可能です。

これは広告案件にかぎった話ではありません。そのアスリートを象徴する言葉が何かということは、彼らの魅力を最大限引き出す上でとても重要なことなのです。

そして、この言葉こそ、3Cの一つである「コンセプト」そのものであるといえます。

この**「コンセプトを表す言葉」は必ず単語にしています。**

決して文章にはしません。

たとえば、Aという人のコンセプトを

「Aさんはとてもカッコよく、常に大きな夢を語り、多くの友人に慕われる男性です」

と文章で表したら、どうでしょうか？

一見、詳しくAさんのことを言い表しているようですが、実は違います。

コンセプトはつくるのが目的なのではなく、外見・主張・行動に反映し、一貫性を持たせ、それを継続させることによって価値を最大化させることが目的です。

それにもかかわらず、コンセプトを文章や「とても」といった副詞などを使って表現すると、それを外見・主張・行動に一貫性を持って反映することが難しく、継続も困難になってしまいます。提供する情報が曖昧だからです。

むしろ、「美」「理想」「尊敬」などの単語、しかも**名詞で表現したほうが、その人の本質的な魅力を端的に表し、しかもさまざまな場面に柔軟に対応できる。**普遍的でもあります。

また、**形容詞も避けます。**たとえば、「カッコよく」という言葉を使うと、どのようなカッコよさなのかわかりません。ハンサムなのか、言葉づかいに品があるのか、行動が紳士的なのか……その言葉が表す範囲が広すぎて、逆にイメージしにくくなってしまいます。

自分を単語で表す。

これは裏を返すと、**自分のことを単語で表せるような生き方をしよう**ということです。そして、「すごい人」といわれる人ほどそれを実践しているように思います。

ダルビッシュ選手を「世界」や「努力」といった単語で私たちがイメージできるのは、彼がまさに野球の世界一を決めるような舞台で戦い、またそのために血のにじむような努力をしているからです。

ですから、「自分のコンセプトは何か?」と考える場合は、文章ではなく単語で、副詞や形容詞ではなく名詞で表す必要がありますし、日ごろからそのような生き方をするように心がけるといいと思います。

「コンセプト」のつくり方―その❶
自分を「単語」で表現してみる。

## 「本性」が見えなければ振り向いてもらうことなどできない

元スピードスケート金メダリストの清水宏保さん。ご存じの方も多いと思いますが、彼は世界距離別選手権、冬季五輪で多くのメダルを獲得した、日本が誇る世界最高のトップアスリートの一人です。

清水さんのコンセプトを表すキーワードとして、私たちは「逆境」「挑戦」などの言葉を選んでいます。それは、**スプリント競技は長身選手に有利というそれまでの常識を覆し、重度の喘息《ぜんそく》とつきあいながら、自身の世界記録を何度も更新されたからです。**

また、「探求」も清水さんを表すキーワードです。

「（ロケットスタート時は）腸と胃袋を小さくしておき、アバラの中に腸を上げる」

「（練習で）脳から筋肉に伝わる命令のタイムラグを減らしていく」

「自分の滑るべき理想の光のラインが見える」

清水さんに話をうかがうと、肉体と精神を極限まで鍛え、研ぎ澄ました人しか到達できない、**常人離れした世界観にいつも引き込まれてしまいます。**

しかし、清水さんは単に勝利を求めて自己鍛錬を続けてきたわけではありません。

「そういうところまでたどり着かないと、人間の潜在能力というのは引き出せない」

「自分はスケートを通して人間がどれだけ進化できるのか、自ら実験台になって調べてみたいという欲求のために滑っている」

そういった自己の承認欲求を超えたレベルで行動してきたからこそ、常人離れした世界観を身につけ、数々の偉大な実績をつくることができたのだと思います。

清水さんのコンセプトは、正に清水さんの**人生の本質**です。

「本性」と言い換えてもいいでしょう。

コンセプトはあなたの価値を高める最も重要な要素です。そのためには、あなたの本質を表すものでなければなりません。**聞こえがいいからといって選んだり、考えなしに挙げたりしていいわけではなく、自分自身を素直に、客観視して抽出することが重要です。**

その作業は、言ってみれば、まだつきあったばかりの恋人同士がお互いのことをもっとよく知りたくて、会話や時を重ねるのと同じです。

どんな子ども時代を過ごしたのか。
どんな夢を抱いているのか。
夢を叶えるためにどんな努力を重ねてきたのか。

あなたが今まで選択してきた人生にはすべて本質的な理由が存在します。
それが何であるのか、自分自身に語りかけてみてください。

そうして本性の見えるコンセプトができたとき、まわりの人があなたに振り向いてくれる可能性が出てくるのです。

「コンセプト」のつくり方――その❷

**素直に、客観的に、自分の本質や本性について考える。**

## なぜ、本田圭佑選手にはテレビCMの出演依頼が来るのか?

コンセプトの抽出は、その人の本質を客観的に捉えることが重要ですが、細かく行動を観察することも大切です。

一緒に食事をしたり、どこかに出かけたり、時間を共有しながら、**その人の仕草や反応をよく観察する**のです。

たとえば話をするとき、同じように目を見ながら会話する人だとしても、腕を組んで小さな声で話す人と腕を大きく広げて大きな声で話す人では、抽出できるコンセプトがまったく違うものになります。前者は「慎重」、後者は「自信」がその人の本質かもしれません。

そういった意味で仕草がとても印象的だったのは、現在イタリア・セリエAのACミランで活躍するサッカー日本代表の本田圭佑選手です。彼とはこれまで多くの広告・媒体・イベント出演などでご一緒させていただきました。

初めて本田選手とお会いしたのは二〇〇八年、プロフィール写真の撮影現場となった都内のスタジオです。

彼はまだ黒髪、爽やかな印象の飾り気のない青年で、笑顔で話すその表情からはとくに緊張した様子も感じられず、私たちも彼の緊張をほぐす必要がありませんでした。

撮影が始まってすぐに、私は本田選手のある仕草に気づきました。

**彼は誰からも指示されることなく、カメラに対して身体《からだ》の向きを斜めに構え、スッと足を交差させたのです。**

たったこれだけのことですが、私は「この人は自らを表現したいと思っている」と直感しました。

初めての撮影、本格的なスタジオで、プロのフォトグラファーの前に立ち、自らポーズを取れるアスリートはほとんどいません。大半の人はまっすぐ棒立ちで、「腕を組んでみましょうか」「斜めに身体を向けて、目線だけこっちにください」と言われて、初めて動くのがやっと。それもぎこちない、というのが普通です。おそらく、あなたも同じだと思います。

ＣＭやバラエティ番組などでタレント・俳優・芸人、いわゆるプロの「演者さん」たちが、カメラの前で自然に笑い、動き、与えられた役割を見事に演じているのをよく見かけると思います。じつは、**あれには高度な「演じる技術」が必要なのです。**

あなたも旅行先で記念写真を撮ることがあると思いますが、友だちが構えたカメラの前でさえ、モデルさんのようなポーズを自然に取ることはなかなかできないと思います。

ところが、本田選手は初めての撮影現場で、なにも指示されず足に表情を付けてきた。クリエイティブな彼の素養が見えた瞬間です。

その後、大手企業のＣＭ撮影やファッション雑誌の表紙撮影など、アスリートには少々ハードルが高いかなと思う仕事でも、「本田選手なら大丈夫」と信じて一緒にチャレンジしてきました。

その結果、多くの人に強烈なインパクトとたくさんの笑顔をお届けすることができたと思います。

このように、人がちょっとしたときに見せる仕草には、その人の「素」の部分や「本質」が隠れています。

自分のコンセプトがわからないという人は「自分という人間はなんなんだ」と深く考えこむより、日常の場面での自分の行動を振り返ってみるといいでしょう。

**限られた時間、限られた情報、一〇〇パーセントの確信が持てない状況で、自分はなにをよりどころに意思決定を行うのか。**

上司に困難な仕事を頼まれ、どう感じ、どう対処したのか。

電車の座席をお年寄りに譲っているのか、それともタヌキ寝入りをしているのか。

そういった日常の何気ない仕草や返答に自分の本質・本性が隠れています。

とくに、**ストレスやプレッシャーのかかっているときの行動などに顕著です。**震災や事故、そこまで大きな出来事でなくとも、日常の些細《ささい》なトラブル。たとえば、待ち合わせに遅刻しそうなときなどはどうでしょう。

持つものも持たず慌てて家を飛び出る人もいれば、遅れる連絡を入れ、いつもどおりのペースで身支度をする人もいます。

アクションとリアクション。物事に対する反応があなたの本質・本性です。

「コンセプト」のつくり方──その❸

## 無意識のうちにやっている日常の仕草や行動を思い出してみる。

# 「オーラ」の正体を教えてくれた二人の歌姫

マイケル・ジャクソンのライブ映像を観《み》ると、すごい数のファンが失神し運び出されていく様子が映っています。

観客を失神させてしまうマイケルもすごいのですが、私の場合、「どうして観客は失神したのか」という理由のほうが先に気になってしまいます。彼のオーラに興奮しすぎたせいなのか、はたまた会場を埋め尽くさんばかりの人に圧迫されてなのか……そういったことのほうが気になるのです。

こういったことは私だけではないと思います。エンタテインメントビジネスに携わっていると「すごい人」とご一緒させていただく機会が多いのですが、その一方で、「すごい人」が発するオーラやすごさにマヒしてしまっている部分が少なからずあるのです。

それは、「すごい人」のすごさを、客観的に捉えることを生業《なりわい》にしているからかもしれません。

たとえば、マイケル・ジャクソンのように、スーパースターには「オーラ」があるとよくいいます。しかし、そもそもオーラとはなんなのか、そしてそれをどう感じ取るかには個人差があります。

私の場合、**オーラとは「圧倒的な雰囲気」**であり、後天的に獲得できるものだと考えています。

そう思わせてくれたのは二人の歌姫です。

そのうちの一人とは一九九五年、東京で会いました。

当時、大学生だった私がアルバイトでエイベックスにお世話になった最初の現場でした。

「じゃあとりあえず伊藤くん、ボディガードを頼むから、腕っぷし強そうなのをもう一人連れてきて」と言われ、空手黒帯の友人とともに朝早く集合。ロケバスに乗り、公園や街中を移動しながら、数人の小さな女の子たちの写真を撮影する現場に帯同しました。

私はエンタテインメントのエの字も知らない、ただの学生でしたから、その女の子たちの名前もなにも知りません。幸いボディガードとして防ぐべきトラブルもない。正直、楽なバイトの一つでしかありませんでした。

夜になり、都内のスタジオで撮影をしていたときのことです。

一人の華奢《きゃしゃ》な女の子がカメラの前に立ち、こちらに視線を向けました。

その瞬間、さっきまで和やかだったスタジオの空気がガラリと変わりました。

**腕や足、それから全身に鳥肌が立ち、金縛りにあったようにまったく動けない。**

少女の瞳に射られてしまったかのようで、**彼女の一挙手一投足から目が離せません。**

なんとかして横を見ると、彼女のマネージャーさんと目が合いました。すると、彼もまったく同じことを感じていたらしく、小さな声で言ったのです。

「伊藤さん、これがスターですよ」

**この「圧倒的な雰囲気」を放つ少女こそ、安室奈美恵《あむろなみえ》さんでした。**

二人目には一九九八年、シンガポールで会いました。

それは洋楽のプロモーターとして、海外レーベルの〝新人アーティストのお披露目〟コンベンションに、日本のマスコミ関係者を招いた現場でのこと。

ホテルの敷地内に特設ステージを設営し、今後、世界の音楽シーンでヒットを生み出すであろう多くの才能あふれる新人アーティストたちに登場してもらい、数曲ずつパフォーマンスを披露してもらう。歌にダンス、食事にお酒。すばらしいプレゼンテーションの数々に、日本のマスコミ関係者たちも大喜びでした。

レーベルとして力を入れている新人アーティストたちの出番が終わり、最後の最後に、黒いシンプルなワンピース姿の金髪の少女が現れました。正直、場の雰囲気としては「こんな新人もご紹介しときますね」といったものでした。

ところが、少女がマイクを持った瞬間に、その認識が大きく変わったのです。直立不動のまま、ただまっすぐ、つぶらな瞳を輝かせ歌う少女の姿に衝撃を受けると同時に、**なぜかはわかりませんが、私はこの少女が世界の音楽シーンを席巻する存在になるという確信を持ちました。**

**この「圧倒的な雰囲気」を放つ少女というのが、ブリトニー・スピアーズだ**

**ったのです。**

二人とも、私が出会った時点ではまだまだ無名で、大ヒットを飛ばす前の段階でした。しかし、そのときからすでにオーラを放ち、私の眼には値段のつけようもない、たいへん希少な宝石のような存在に映りました。

その後の二人はその「圧倒的な雰囲気」によって多くの人を魅了し、すばらしい活躍を遂げたことは誰もが知るものとなっています。

この二人の例からわかるように、オーラや価値を感じさせるにはその人のキャリアや年齢、その場の環境などはまったく関係ありません。

さらに面白いことに、私が二人に「圧倒的な雰囲気」を感じた瞬間、**私と同じ現場・同じ環境にいたにもかかわらず、まったく「圧倒的な雰囲気」を感じなかった人も多くいました。**それは、たとえ私よりもこの業界が長い人であってもです。

逆に言えば、仮に今自分自身にオーラや価値がなかったとしても、決してそのことを嘆いたり、僻んだり、無力さを感じたりする必要はないということを意味しています。

なぜなら、コンセプトを明確に打ち出すことができれば、あなた自身の手によってオーラや価値を創っていくことができるからです。

「コンセプト」のつくり方―その❹

**今の自分を嘆いたり、僻んだりするのをやめる。**

## 大学デビューはできるのに、社会人デビューができないわけ

すばらしいアスリートやアーティストにも短所はありますし、必ずしも順風満帆の人生というわけではありません。

彼らのそばにいて思うのは、**「『すごい人』と呼ばれるような人であっても、私たちと同じ人間なのだ」**ということです。目が二つ、鼻が一つで、口が一つ。笑いもするし、怒りもします。ついてるときもあれば、そうでないときもあります。

では、どこが私たちと違うのでしょう。

その一つとして、短所や逆境も自分の個性や人生の一部として潔く受け止め、努力と工夫で長所やモチベーション、成長の機会に置き換えていることが挙げられます。

たとえば、レイ・チャールズ、スティーヴィー・ワンダー、辻井伸行《つじいのぶゆき》さんらは盲目というハンデキャップを負いながらも、そのすばらしい表現力や作品の数々で、アーティストとして世界的に評価されている「すごい人」たちです。

元プロボクサーのモハメド・アリは世界へビー級チャンピオンを獲得するも、信仰に基づき徴兵を拒否してベトナム戦争への反対を表明したために、**チャンピオン・ベルトとボクシングのライセンスを剝奪されてしまいました。その後はリングからも追放され、裁判にも敗れ収監されました。**しかし、その数年後、当時の世界王者ジョージ・フォアマンをアフリカ・キンシャサで破り、**再び世界王座に返り咲きました。**

コンセプトはあらゆる状況で一貫性を持たせ、継続してこそ意味があります。

だからこそ、**短所や逆境も自分の個性や人生の一部と認め、まるごと受け止める必要がある。**でなければ、末永くコツコツと継続することなどできません。

自分の欠点や能力の限界、避けられなかった出来事を認めるのは勇気のいることです。

しかし、ないものをねだってもしかたがないですし、自分の持っている素質とまったく異なるものを加えたり、求めたりしても無理が出ます。

とくに大人になれば長年の生活習慣、育った環境、そして形成された性格もあいまって自分をガラリと変えるのは難しい。

たとえば「地味で社交的でない」という自分を捨て、「華やか」「社交的」というコンセプトを打ち立てて成功できるのは、自我が確立する青年期まで。年齢でいうと、一三歳から一九歳くらいまででしょう。「高校デビュー」や「大学デビュー」という言葉があるように、このくらいの年ごろまでならどうにかなります。

しかし、**成人して「自分」をはっきり持ち始めてからコンセプトを変更し、継続するのは困難です。**

というよりも、コンセプトに新たなコンセプトを追加することはできますが、まったく違うものを加えることは不可能。本人が望んでいないことや素養とかけ離れたものは付け加えられないし、継続もできません。

ではあなたがすでに大人で、自分のキーワードが短所だらけだった場合、どうすればいいでしょうか？

答えはシンプルです。

**すべてのキーワードをひっくり返してみてください。**

「地味で社交的でない」のはなにも悪いことではありません。言い換えれば「人の目の届かないところで、確実に努力を重ねている」という長所でもあります。つまり、「堅実」「（外的影響を受けにくく）安定」です。

あなたが短所と思っているかもしれない本当の自分こそ、誰にも真似できないすばらしい個性なのです。

**短所を挙げ連ね、自分を卑下する時間はありません。**すべてのキーワードと一緒に、今までのネガティブだった自分自身をひっくり返しましょう。

「優柔不断」は石橋を叩いて渡る「慎重派」、「内向的」な人はきっと自分一人の時間を探し、内に秘めたる強さを「自ら伸ばせる人」でしょう。

こんなふうにネガティブワードをポジティブワードに置き換えるだけで、短所だらけのコンセプトは長所ばかりのすばらしいコンセプトになります。

私はよく思います。人間が一〇〇人いたら一〇〇通りの考え方があり、生き方がある。一〇〇人には少なくとも一〇〇通りのコンセプトがあるのです。

**どれが優れていて、どれが正解ということはなく、一人ひとりが「すごい人」になる魅力を持っている**のです。

誰もがアスリートやアーティストを目指すことはありませんし、みながそれぞれの得意分野で「すごい人」を目指せばいい。それは誰もが到達できることなのです。

「コンセプト」のつくり方――その❺

## 自分の短所を言い換えて長所にする。

# 夢や目標がなくても人は大きく成長できる

「すごい人」たちは幼いうちから目標が大きく、明確です。

自らの目標・夢を具体的に設定していたトップアスリートの言葉は、私たちを驚愕《きょうがく》させます。

たとえば、本田圭佑選手は小学校卒業時、一二歳ごろに次のような目標とそれを実現させるためのアプローチ方法を掲げていました。

（目標）世界一のサッカー選手になる。
（アプローチ①）ヨーロッパのセリエAに入団する。
（アプローチ②）レギュラーになって一〇番で活躍する。
（アプローチ③）世界一練習が必要。

このような生き方は「逆算型」といえるでしょう。高い目標や夢のようなゴールを設定し、それを実現させるにはどのようなアプローチが必要なのかを逆算して考えていく。そういう生き方です。

**こうした「逆算型」の発想は、目標を達成する方法としては王道です。**実際、ビジネスの世界でも同じ手法が日常的に行われています。

しかし、誰もが大きな夢や目標を幼いころから持てるわけではありません。

これといって熱中できるものもなく、自分が何をしたいのかもわからないという人はけっこう多いのではないでしょうか。

そこで私は、そのような人たちにもう一つの手法を提案したいと思います。

それが、「順算型」です。

「順算型」は現時点から一歩一歩、低い目標を達成していき、最終的に高い目標や夢のようなゴールに到達する手法です。

手法としてはとてもシンプルですが、どのように一歩一歩目標を設定していけばいいのかわからないという方も多いと思います。

ここで役に立つ考え方が、**「目的を手段に変える」**というものです。

たとえばあなたが、人生にとくに大きな目標はないけれど、現時点で「友だちとしゃべるのが楽しい」と感じているとします。そうしたらまず、この「友だちとしゃべるのが楽しい」を手段だと考えてみましょう。

では次に、この手段を使って果たしたい目的がなにかを考えてみてください。それはもしかしたら、「友だちを笑わせること」かもしれません。だとしたら、今度は「友だちを笑わせる」という目的を新たな手段に置き換えて、さらにその手段で達成したい目的を考える。

**そうやって何度も何度も目的を手段に変えていくと、もしかしたら「友だち**

**としゃべるのが楽しい」という現時点から、「世界一のコメディアンになる」という大きな目標に行きつくかもしれません。**

あるいは、あなたが今は夢なんてないけれど、一日のうちで「料理をしているときだけは楽しい」とします。

そこで料理を手段だとみなし、その目的を考えてみる。もしかしたら、「自分がつくった料理で家族を笑顔にする」ことが目的なのかもしれません。だとしたら、今度は「自分がつくった料理で家族を笑顔にする」ことを手段に置き換え、その先にある目的を考えてみる。

それをくり返していくと、「世界一のレストランチェーンをつくりたい」という、まだあなたが気づいていなかった思いに気づけるかもしれない。

重要なのは、現時点の自分を客観的に把握すること。

そして、**今まであなたが目的だと思っていたものが必ずしも目的ではない、**

**と発想を転換してみること**です。

目的だと思っていたもののさらにその先を考えてみる。そうすると、自分が本当は何をやりたいのかが見えてきます。

初めから夢や目標がはっきりしている人もいるかもしれませんが、そうでない人であってもこの「順算型」「目的を手段に変える」という方法を使えば、それを見つけることが可能です。

これはコンセプトを設定するときも同様です。

「コンセプトはなんですか？」と聞かれて即答できる人はそう多くはないでしょう。**そもそも、自分のコンセプトを定めて生きている人はほとんどいません。**

しかし、この方法を使い、たとえば「世界一のコメディアン」という目標を見つけられた人は、「世界一」や「笑顔」などといったコンセプトを見つけることができるでしょうし、「三ツ星レストランシェフ」という目標を見つけられた人は「最高峰」や「技術」といったコンセプトを定めることができるようになるのです。

「コンセプト」のつくり方――その❻
**自分の好きなことを手段だと見なし、果たしたい目的を考える。**

## 成功の種は過去の喜怒哀楽のなかに隠れている

海外のアーティスト、とくに歌手の方は言語を理解・習得するのが早いようです。

**来日したときに日本語の会話を聞いて、「日本語は理解できないけれど、今の会話はこんな内容じゃない？」と言い当てたり、日本語をしゃべれないはずなのに発音を流暢《りゅうちょう》に真似されたりして、驚かされたことが何度もありました。**

ところで、海外アーティストというと、近年は韓国出身の方の活躍が目覚ましいです。日本でも多くの韓国出身アーティストが活躍していますが、その先駆者的存在がＢｏＡさんです。

二〇〇一年、日本デビュー当時、彼女はまだ一四歳ぐらいのあどけない少女でしたが、歌もダンスも抜群にうまく、日本語も一生懸命学んでおり、ある程度の日常会話が通訳なしでできるほどでした。

夢をつかむためとはいえ、幼く、慣れない日本での芸能活動は、不安やストレスも少なくなかっただろうと想像します。しかし、常に笑顔で瞳をキラキラ輝かせ、礼儀正しく前向きに仕事に向き合う真摯な姿に、私や他の多くのスタッフは、アーティストとしてのすばらしさとは別に、彼女に人として尊敬の念も抱いていました。

それを象徴するような出来事が、あるラジオ番組にＢｏＡさんをキャスティングさせていただいたときにありました。

彼女の楽曲をオンエアしていただいた後に番組ＭＣの女性が、

「ＢｏＡちゃん、えらいね。こんなに上手に日本語で唄えてすごいじゃない」

と、丁寧に、けれど小さな子どもに話すように話しました。

「いえ、まだまだです。ＢｏＡは**もっと日本語を勉強したいです**」

「え？　なんで？　もう十分しゃべれるじゃない」

すると彼女はこう言ったのです。

「**私は歌に心を込めて唄いたい**。だから勉強して、日本語の意味をもっと深く理解できるようになりたいんです」

ＢｏＡさんにはストーリーがある。本当に歌を愛して、そのために努力を続けている人なのです。このストーリーをまるごと理解して、**「彼女は歌に心を込めて唄いたいと努力しているんです」とプロモートするのが私たちの務め**だと、彼女の言葉で確信しました。

単純に「この曲いいでしょう。韓国出身のかわいい女の子が歌っているんですよ」というだけでは、到底、彼女の魅力は伝えきれません。

現在、ＢｏＡさんが世界中のファンの方々に愛され、「真摯的」「努力」といったイメージに共感していただけているのは、彼女が本当に「真摯的」な人間で、弛《たゆ》まぬ「努力」を継続しているからだと思います。

当時のＢｏＡさんは人生のほんの入り口部分しか生きていない少女でしたが、それでもストーリーはきちんとあった。

彼女が特別だからというわけではありません。**どんなに平凡な人生でも、**

**二〇年生きたら二〇年分の、四〇年なら四〇年分のストーリーがあります。**

アーティスト、アスリート、ビジネスパーソン、学生。職業や立場が違っても、みんな努力し、夢を叶《かな》えようとしていることに変わりはありません。たとえそれが夢や目標といった明確なものになっていなくとも、なにかに一生懸命取り組む姿やその思いがあなたの軸であり、コンセプトの源泉です。

「自分はどんな人間になりたいのか」

あなたのコンセプトの源はあなたのなかにあります。

**自分探しの旅に出かける人がいますが、どこか知らない地でなにかを得ることは絶対にできません。**

当たり前です。

あなたにとって大切なことはあなたのなかにあるのですから。

今までどんなことがあったのか。
楽しかった。
苦しかった。
悲しかった。
努力した。
そんな経験をもう一度見直してみてください。そう、人生の棚卸しです。
あなたの言動、経験、すべてがコンセプトにつながっているのです。

「コンセプト」のつくり方——その⑦

**楽しかったことや苦しかったこと、悲しかったことなどを思い出す。**

## 自分がわからなくなったら
## クローゼットのなかをのぞきなさい

あなたはいつも、どんな洋服を着ていますか？

タレントや俳優、アーティストなどのマネジメントをする人は、演者たちの着る衣装にとても気を配ります。それは「スタイリスト」という、**衣装を手配し、コーディネートする専門の職業**があることからもうかがえます。

それなりに売れっ子になれば専属のスタイリストさんがつくことが多いですし、まだ売れていなくてもスタイリストさんに衣装を選んでもらうことはよくあることです。

また、番組収録やイベント出演の際に衣装のシワ一つ、ホコリの一片にまで気を配り、常に最高の状態を維持することもスタイリストさんの重要な役割といえます。

では、なぜ我々マネジメントをする人間は演者の衣装にこだわるのでしょうか？

それは、**演者の商品価値を衣装が代弁する**と知っているからです。

私を含め、世の中の人が身につけている服は、着ている人のコンセプトを明確に表しているといっていいでしょう。

ファッションほど手っ取り早くあなたを表現しているものはありません。

実際、私はよく人の服装からその人がどんなふうに見られたいのか、すなわち相手のコンセプトを読み取ることがよくあります。

たとえばアジアンテイストの、カラフルで、ざっくりした身体を締めつけない綿の服を着ているのであれば、その人のコンセプトは「大らか」「陽気」「楽天的」「気さく」といったものが考えられます。

またタートルやジャケットスタイルで、黒や紺、茶色などベーシックなカラーを選んでいる人なら、「伝統的」「真面目」「堅実」といったコンセプトを表しているのでしょう。

洋服選びは自己表現であると言う人もいます。

そう考えると、洋服ダンスにはあなたが「人からどんなふうに見られたいと思っているのか」という答えがぎっしり詰まっているはずです。

「私は服に興味がないから、いつも適当に選んで買っている」

そういう人もいるかもしれませんが、**服にまったく興味がなかったとしても、お金を払って身につける以上、なにかしら選んだ理由があるはずです。**

「安いからファストファッションの服ばかり」という人は、きっと「堅実」で

「倹約家」、コストパフォーマンス重視の「効率」を考える傾向の方かもしれません。

**「服やものには全然こだわりがなくて……」という場合だって、「服やものにこだわらない」というこだわりが表れている。**つまり、「潔い」「諦めがよい」。それも立派なコンセプトです。

ですから、もしあなたのコンセプトが見つからなければ、クローゼットや洋服ダンスをのぞいてみるといいでしょう。

もし、クローゼットのなかがぐちゃぐちゃでまったく整理できていないとしたら、同じくコンセプトもまったく整理できずに、雑多な情報のなかに埋もれてしまっているはずです。

いい機会です。部屋と服を整理整頓しながら、コンセプトの整理もしてください。

「自分のコンセプトってなんだろう」「私ってどんなふうに見られたいと思っているのだろう」と考えながらクローゼットと頭のなかをスッキリさせれば、きっとなにかが見えてくるはずです。

当然、いくつもコンセプトが思い浮かぶ可能性があります。

しかし、すべてのコンセプトに無理に共通点や類似性を持たせる必要はありません。いくつも思いついたとしても、あなたにそぐわないコンセプトは一貫性を持たせるのも、継続するのも難しいので、そのうち自然と反映できるものだけに絞られてくるからです。

**コンセプトは千差万別、人によってそれぞれ異なります。数も自由です。一つだけの人がいてもいいし、一〇個あってもかまいません。**

ただし、それらはあなたの性格や素養に基づいていること。

「すごい人」たちが「こうなりたい」という明確なイメージを持つのと同じよ

うに、あなたも自分のコンセプトを定めることができれば、夢や目標の半分は叶ったようなもの。

ですから、真剣にコンセプトを考えてみてください。

「コンセプト」のつくり方――その❽

## 今着ている服を選んだ理由を考える。

# 第2章

# 「すごい人」は一本筋が通っている

## なぜ、アスリートの言葉には名言が多いのか？

「練習は嘘《うそ》をつかないって言葉があるけど、頭を使って練習しないと普通に嘘つくよ」

これは二〇一〇年、ダルビッシュ有選手がツイッターでつぶやいた言葉です。当時、このつぶやきは何千回も引用され、無数のブログやウェブサイトにも転載されました。スポーツだけでなく仕事や勉強など、さまざまなことに当てはまるため、多くの人の心に響いたのだと思います。

プロローグでもご紹介したように、ダルビッシュ選手にかぎらず、「すごい人」のこうした言葉には心にズシリと響く重みがあります。

なぜでしょうか。

さまざまな理由はありますが、私は**彼らの主張や行動、外見すべてに一貫性**

**があるから**だと思っています。

「頭を使わないと努力は嘘をつく」と言ったダルビッシュ選手は、「土、日の休みが消え。夏休みが消え。冬休みが消え。友達が遊んでる時に練習してた。だから今がある」とも言っている通り、子どものころから野球漬け。その後、甲子園での活躍を経てプロ、そしてメジャーリーガーになりました。

飽くなきパフォーマンス追求のため、シーズン中もオフシーズンも、ミスター・ストイックと呼ばれるほどの求道《ぐどう》的な生活を送り、食事をはじめとする栄養管理からトレーニング、休息まで徹底し、野球に関して普通でいたくない完璧主義者です。

その彼が「努力」について語るから、重いのです。多くの人の心に響くのです。

**もし、彼が「努力している」と言いながら、練習で手を抜いていたり、栄養管理についての知識が浅かったり、不摂生な生活を想像させる体型だったとし**

**たら、きっと誰の心にも彼の言葉は響かない**でしょう。

普段の外見、主張、そして行動に一貫性があり、生き方にブレがない。そしてそれを長いこと継続している。

だからこそ、存在、発言、そして振る舞いを通じ、彼の価値が光り輝いてくるのです。

アスリートにかぎらず、アーティストや研究者、経営者など、「すごい人」は概してそうです。

自分が「こうありたい」と追い求める理想――この本ではコンセプトと呼んでいますが、**着る服から、話し方、食べるものから行動パターンなど、すべてにコンセプトを反映させています。**つまり、一貫性があるのです。

コンセプトは「理想」、あるいは「人生のルール」と言い換えられるでしょう。

理想の自分になるためには、改めるべき習慣もあるし、やってはいけないこともあります。

「美」と「健康」がコンセプトであるなら、不摂生な生活を控え、適度な運動、良質の食事と休息をとり、常に美しい振る舞いを徹底しなければなりません。

**慣れないうちは甘えも出るし、サボりたくもなる。生き方に一貫性を持たせるのは、難しそうに思うかもしれません。けれど、毎日コツコツ継続するだけで必ず結果に表れます。**ある意味、最も確実で、楽な近道なのです。

「すごい人」はみなその近道を通っていて、結果的に外見も主張も行動も一貫して「その人らしい」ものになっているのです。

「一貫性」の持たせ方―その❶

## コンセプトに従って生きる、と決意する。

## 「一本芯の通った生き方」はけっこう簡単だ

生き方に一貫性を持たせるというのは、難しく思えるかもしれません。しかし、一度コンセプトさえ決めてしまえば後はとてもシンプルです。

Aにするか B にするか、右を選ぶか左を選ぶか、どちらか選択しなければいけないときは常に**「コンセプトに合っているか、いないか」という基準で考えれば、答えは自ずと見えてくる**からです。

二〇一三年、サッカー日本代表・本田圭佑選手プロデュースの「ロード ダイアモンド バイ ケイスケ ホンダ」という香水を発売しました。

ものづくりの仕事はすべてが選択の連続です。もちろん、本人によるプロデュース商品なので、最終的な判断は本人にゆだねる必要があります。しかし、その前段階として、メーカーさんとともにロゴデザイン、香り、ボトルやパッケージのデザイン、商品名、発売日、価格など、具体的に決めなければならないこと、選択しなければならないことが山のように出てきます。

その際、私たちは**「強さ」や「世界一」「最高品質」といった本田選手のコンセプトを基準に、それらすべてを選択し続けました。**

具体的には、常に高みへとチャレンジし続ける本田選手のあきらめない心と固い意志、一瞬で見る人の心を捉える本物のプレースタイル、立ち振る舞い……そんなイメージを元に、ボトルのデザインは宝石のなかでも一番硬度が高く、直線的でシャープ、そして高級感あふれるダイアモンドをモチーフに選びました。

また、想定される購入者層がサッカー好きな若い世代なので、通常版は若い人も買える価格設定にし、**初回限定プレミア版には〇・〇三カラットのダイア粒（宝石鑑別団体協議会の鑑定書付）と直筆サインを入れたシルバープレート**

**を付けて発売しました。**

これらはすべて、本田選手のコンセプトである「本物」「最高品質」を香水に反映させるためです。

おかげさまでこの香水は発売からわずか半年で一二万本を突破。楽天市場のリアルタイムランキング男性用香水部門では、トップ一〇すべてを同ブランドの商品が独占。人気はその後も衰えを知らず、年間三万本販売すればヒットといわれる香水業界で、発売後一〇か月で一四万本を出荷し、シリーズ累計三六万本に達する驚異的な売上げを記録しています。

これは、コンセプトを反映し一貫性を持たせた結果、価値が最大化したほんの一例です。

選択するということはどちらか一方の可能性、選ばなかった未来を切り捨てるということです。そして、**選んだほうが正しいのか間違っているのか、誰も答えを知りません。**しかも、**選択の結果や効果がすぐに出る保証もない。**

だからこそ、選択するには一貫性を持った基準が必要で、そのためのコンセプトなのです。

あなたの外見や主張、行動は中途半端になっていませんか？

一度、自分のコンセプトをしっかり決めてみてはいかがでしょうか。そして洋服を選ぶにも、意見を述べるにも、常にコンセプトを基準に判断してみるのです。

「このカジュアルなシャツもいいし、こっちのシックなシャツもいい。でも、自分のコンセプトにはこっちのシャツのほうが合っている」

「この言葉は人を笑わせる。こっちの言葉は人を安心させる。自分のコンセプトにはこっちの言葉で話すのが合っている」

そんなふうに常にコンセプトを基準にして選択し続けていたら、あなたの人生はあなたのコンセプト通りになり、一本筋の通った「すごい人」になれるでしょう。

「一貫性」の持たせ方――その❷

## 現在の生活が自分のコンセプトに合っているか見直す。

# じつはストイックなほうが人生は楽になる

「すごい人」がなぜ「すごい人」でありえるか。

優れた遺伝的素質、誰にも負けない技術や身体能力、才能にうぬぼれず努力する姿勢など、さまざまな理由が考えられますが、自分に甘えない厳しさというのもその一つかもしれません。

アスリートと一口に言ってもさまざまで、たとえば食事一つとっても、あまりカロリーや栄養成分に配慮しない人もいれば、味覚や嗜好《しこう》は二の次で、カロリーと栄養成分のみ考えて食事を摂取するタイプの人もいます。

**後者のアスリートの中には「試合にベストな状態で臨める食事しか摂らない」という厳然たるルールが存在しているのです。**

人間の三大欲求の一つである食欲さえも徹底して管理できる強い意志に、

「やっぱりアスリートとして世界で活躍する人は、ストイックだな。とてもじゃないけれど真似できない」

と思う人もいるかもしれません。

しかし、違うのです。

一見すると彼らはとてもストイックに見えます。でも、**ルールで自分を縛って欲望を必死に抑え、苦労して一貫した行動を取っているわけではない**のです。

むしろ、ルールをつくってしまったほうが楽だから、そうしているともいえるのです。

考えてみてください。人生は選択の連続です。朝食はパンにするかご飯にするかといった些細なことから、起業するか会社員のままでいるかといった大きな決断まで、実にさまざまです。

そして、その選択肢は無限にあります。それなのに、なにを選ぶか、なにを選ばないかの基準がなければ、選択のたびに立ち止まり悩んでしまうでしょう。

ですが、ルールや基準さえあればいちいち思い悩むことはありません。選択肢のなかから、その基準に当てはまるものだけを選べばいい。

**「すごい人」たちはみな、コンセプトに合った選択をすることが一番早いと身をもって知っている**のです。

3Cにも同じようなことがいえます。

二〇〇三年、元ムエタイ世界チャンピオンでK‐1のリングでも活躍した格闘家・武田《たけだ》幸三《こうぞう》さんに、二つの似て非なるテレビCMの案件に出演していただきました。どちらも映像作品で「闘う」内容でしたが、一つは武田さんがKO負け、もう一つは勝負つかずという内容です。

実は企画段階では、どちらの案件も武田さんが負ける内容のものでした。武田さんは鋼のような鍛え上げられた肉体と、強烈なローキックで「超合筋」の異名を取る、当時最強の格闘家の一人。そのため、誰もが最強の武田さんが負けるシーンを見てみたい、「武田さんに勝つ＝すごい」、という図式だったのだと思います。

しかし、エンタテインメントの仕事はいわば「表現」ですから、タレントやアスリートたちの仕事において、**どこまでをよしとし、どこからがＮＧなのか線引きすることが重要です。**

そこで私は選択をしました。

両方ともＫＯ負けという企画を一つはＫＯ負け、もう一つは勝負つかずに変更していただいたのです。

なぜ、両方とも勝負つかずにしなかったのか？

理由は簡単です。

一方の企画はＳＦ映画のような闘技場での撮影。もう一方の企画は本物のリング上での撮影だったからです。

最強の格闘家・武田さんのコンセプトである「最強」を崩すことなく、すばらしい企画を成立させるために、フィクションの舞台では演者として負ける姿もOK、本物に近い闘いの舞台では決して負ける姿を見せないという選択をしたのです。

その結果、幸いにもどちらのお仕事もファンやマーケットからの反響は大きく、クライアント、関係者にも大変喜んでいただけるというれしい結果になりました。

**本人の価値を高めるためには、できるかぎり露出をしてもらいたいのですが、かといってなんでもかんでも仕事を引き受けてしまえば、本人のコンセプトも価値も総崩れになってしまう。**

我々は日々、そういった葛藤に苛まれます。

だからこそ、ルールや基準が必要なのです。

無数にある選択肢のなかで、どこまでが許容範囲で、どこからがNGなのかはルールという線引きがないと決められません。逆にルールさえつくっておけば、気分や損得勘定に流されることもなくコンセプトを貫き通せます。迷いがなくなり、非常に楽なのです。

「一貫性」の持たせ方——その❸

## 自分のコンセプトに反していることはやめる。

## 誘惑に負けず、二〇年間一つのことを貫いた末に起きたこと

「健康は買えない」といいますが、世界中の誰もが、可能であればこの世を旅立つ寸前まで健康な肉体でありたいと望んでいると思います。私もそう思っていて、自身のコンセプトの一つとして「健康」を掲げているほどです。そのため、自分に課しているルールがいくつかあります。

そのうちの一つが「筋トレ」です。

**どんなに遅い時間に、疲労困憊《こんぱい》で帰宅したとしても、筋トレの時間は削りません。**一日平均約二時間、週三日、二〇年以上。単純計算で今までに二八八〇日、五七六〇時間以上を筋トレに費やしていることになります。

自宅にはベンチプレスをはじめとして、合計三〇〇キログラム以上のウェイ

トや細かな筋肉を鍛えるためのゴムチューブ、ストレッチ用のグッズ、自作した前腕だけを鍛える器具なんてものも置いてあります。以前は自宅の壁に鉄骨を通し、特注のサンドバッグを吊《つ》っていた時期もありました。
もちろん海外に出張や旅行で出かける際も、訪れた地のスポーツジムやホテルのジムで筋トレができるよう、いつもジムグッズを持ち歩いています。

こんな環境に二〇年以上身を置き、筋トレを継続しているため、おかげさまで健康的な体を維持できています。

しかもそれだけではなく、私のもとには**「健康」に関する情報が自然と集まるようになりました。**「健康」なイメージがつき、「不健康」なイメージの物事が勝手に私を避けてくれるようになったからです。
たとえば会食のとき。健康的なイメージの私には、カロリーが低く栄養満点な食事が提供されたり、オープンテラスや明るい雰囲気のお店に誘われたりする機会が増えました。逆に、カロリーの高そうな食事や飲み物を勧める人はまわりにいなくなりましたし、近くでタバコを吸う人もいません。徹夜で遊ぶような誘いも皆無です。

つまり、**行動にコンセプトを反映させることで、他の人と明確な違いを生み、私独自の価値をつくることに成功したのです。**

ルールを守る。
コンセプトを反映し、一貫性を持たせる。

誰しも自分一人で生きているわけではありませんから、ときには自分のルールに反する選択を迫られる場面もあると思います。

友人、取引先からの誘い、対人関係や場の空気。

しかし、どんな場面であっても最終的に選択をするのは他の誰でもなく、あなた自身です。一貫性を持って生きなければ、あなたの価値は今以上にはなりません。

**「すごい人」たちはみな、育った環境や各々の性格はまったく違うのに、ルールを決めたら絶対にやり通す。この一点だけは間違いなく共通しています。**

プロサッカー選手として最も名誉ある賞「バロンドール」を三度も受賞し、世界最高のサッカー選手と称されるクリスティアーノ・ロナウドは、毎日腹筋を三〇〇〇回行うといわれています。

ルールを決めたらなにがなんでも貫き通す。「すごい人」といわれる人と平凡に暮らす人に差があるとしたら、この一点に尽きるでしょう。

逆にいえば、この一点さえ守ることができれば誰もが「すごい人」になれるのです。

まずはコンセプトに則って小さなルールを決めてみましょう。

わずかなことでも継続すれば力になります。

**ルールが習慣になり、守らないと気持ちが悪いと思えるようになったころ、ようやくあなたのコンセプトが定着するのです。**

当然、一朝一夕には難しいでしょう。最初は辛いかもしれません。しかし、続けるうちに周囲があなたという人間、あなたのコンセプトを認識し、共感してくれるようになる。そうなったらしめたものです。

「一貫性」の持たせ方——その❹

## コンセプトに則った「人生のルール」を決める。

## 「なんとなく」で生きているかぎり不満は一生解消しない

二〇一五年現在、我々は一九五か国、人口約七二億人の世界で生活しています。国籍、文化、言語の異なる多くの人間が社会を形成していますが、あなた自身の世界はどれくらいの大きさでしょうか?

たとえば、**あなたの携帯電話の連絡先に登録されている人数が一〇〇人だとすると、全世界の人口の約〇・〇〇〇〇一パーセントがあなたの世界の大きさ**といえます。

〇・〇〇〇〇一パーセント。この数字を大きくしていくことはなかなか難しいかもしれません。けれど、あなたの価値であれば、大きくしていくことは今からでも可能です。

その方法こそが、**「選択」**です。

私が選択の重要性に気づき、価値観を揺さぶられた体験の一つが、中学一年生の夏に参加したインターナショナル・スクールのサマースクールです。

幼馴染《おさななじみ》が通学していた学校だったこと、そして両親が勧めてくれたことが参加のきっかけでした。当の本人はというと、「外国語だけの環境、なんか楽しそうかも」くらいの気持ちで、そこでなにかを得ようなんてまったく考えていませんでした。

いざ参加してみると、期待通り、初日は日本の学校との違いに驚くことが多く、最高に楽しかったです。

私が学んだ小学校・中学校は、先生に「集合！」と言われたら背の順や五十音順（出席番号順）、班ごとなど、予め学校と生徒の間で決められた「決まり」に従って集合するように指導されていました。おそらく今でも、多くの日本の学校で同じような管理システムのもと、生徒は行動していると思います。

けれど、インターナショナル・スクールのシステムはまったく違いました。**集合がかかっても並び順は決まっていません。**先生の話をよく聞きたい生徒は先生の近くに集まり、そこまで熱心でない生徒や授業に関心の高くない生徒は後ろのほうでダラっとしている。

授業を受ける態度もまったく違います。日本の学校では決められた席順通りに着席し、授業中の飲食は厳禁です。ところが、インターナショナル・スクールでは**席順は決まっておらず、簡易テーブル付きの椅子を勝手に好きな場所に移動させて授業を受けます。**しかも、**授業中にガムを噛《か》んだり、ジュースを飲んだりしても怒られません。**勝手放題ですが先生はなにも言いません。授業の妨害さえしなければおかまいなしです。

さらに顕著な例が昼食です。

日本の学校では教室で給食。同じメニューを、同じ分量だけ、「いただきす」の号令とともにみんなで一緒に食べます。好むと好まざるとにかかわらず、「同じ釜の飯」です。

対してインターナショナル・スクールは**食堂でビュッフェですから、自分で好きなものを好きなだけ盛ることができます。嫌いなものは食べなくたっていいのです。**

まさに選択の自由、まさに個人主義です。

私のいた学校は全体行動が中心でした。一人がサボれば班、もしくはクラス全員の連帯責任。しかし、インターナショナル・スクールには給食を残さず全部食べるまで許されないという、そんな「常識」などまるでなし。すごく伸び伸びして、「自由って最高だ！」と思いました。

ところが、参加二日目には早くも怖くなりました。

自由には「責任」が伴うことに気づいたからです。

授業に興味がなければ先生から離れたところに座ることもできるけれど、でも先生の近くに行かないとバカになる。

大好きな甘いものばかり食べても誰にも怒られないけれど、甘い物ばかり食べているとデブになる。

どちらを選ぶかは自分の自由です。

しかし、その選択の先に待っている結果に対する責任も自分で負わなければなりません。**好き勝手やった挙げ句、デブになってもバカになっても、誰も責任を取ってくれない**のです。

まったく異なる二つの環境に身を置いたことで、私は選択が自分自身の価値をつくる、ということに気づいたのでした。

どんな友人と過ごし、どんな家族を持ち、どんな仕事について、いくら稼いで、どんな体型で、どんなファッションを楽しんで、どんな家に住み、どんな人生を送りたいのか――。

人生は選択の連続で成り立っています。そして、すべて自分の責任で判断しなければなりません。

何度も言いますが、人生はこのように選択の連続です。

会社員として就職するのか、起業するのか、海外に渡るのか、結婚するのか、独身を通すのか……さまざまな選択のくり返しがあなたの人生を形づくっています。

もしあなたが今、意にそぐわない会社で興味のない仕事をし、「こんなはずではなかった」とボヤいているとしても……厳しいようですが、**「こんなはずではなかった人生」を選んだのは、ほかでもないあなたです。**

よく考えもせずに「なんとなく」を積み重ねた結果が現在の状況で、ある日突然「こんな人生になっていた！」という人はいません。

にもかかわらず、選択の重要性を知り、慎重かつ戦略的に実践している人は驚くほど少ない。

一方で、「すごい人」たちは、総じて選択を大事にしています。

AとB、どちらを選べば自分の行動に一貫性を持たせることができるのか。

どちらを選ぶと一貫性がなくなってしまうのか。

**その選択の先に何が待っているか冷静に考えている人ほど「すごい人」に近づくことができ、その日の気分で選んでしまう人、考えもしない人は決して「すごい人」にはなれないでしょう。**

今からでも遅くはありません。

あなたはどんな人生だって選べるのです。

郵 便 は が き

料金受取人払郵便

新宿北局承認

6964

差出有効期間
平成29年1月
31日まで
切手を貼らずに
お出しください。

169-8790

154

東京都新宿区
高田馬場2-16-11
高田馬場216ビル 5 F

サンマーク出版愛読者係行

| | | | |
|---|---|---|---|
| ご 住 所 | 〒 都道府県 | | |
| フリガナ | | ☎ | |
| お 名 前 | | ( ) | |
| 電子メールアドレス | | | |

ご記入されたご住所、お名前、メールアドレスなどは企画の参考、企画用アンケートの依頼、および商品情報の案内の目的にのみ使用するもので、他の目的では使用いたしません。
尚、下記をご希望の方には無料で郵送いたしますので、□欄に✓印を記入し投函して下さい。
□サンマーク出版発行図書目録

愛読者はがき

ご購読ありがとうございます。今後の出版物の参考とさせていただきますので、下記のアンケートにお答えください。抽選で毎月10名の方に図書カード（1000円分）をお送りします。なお、ご記入いただいた個人情報以外のデータは編集資料の他、広告に使用させていただく場合がございます。

**1** お買い求めいただいた本の名。

**2** 本書をお読みになった感想。

**3** 今後、サンマーク出版で出してほしい本。

**4** 最近お買い求めになった書籍のタイトルは?

**5** お買い求めになった書店名。

市・区・郡　　　町・村　　　書店

**6** 本書をお買い求めになった動機は?

・書店で見て　　・人にすすめられて
・新聞広告を見て（朝日・読売・毎日・日経・その他＝　　）
・雑誌広告を見て（掲載誌＝　　）
・その他（　　）

**7** 下記、ご記入お願いします。

| | | | |
|---|---|---|---|
| ご職業 | 1 会社員（業種　　） | 2 自営業（業種　　） | |
| | 3 公務員（職種　　） | 4 学生（中・高・高専・大・専門・院） | |
| | 5 主婦 | 6 その他（　　） | |
| 性別 | 男・女 | 年齢 | 歳 |

ホームページ　http://www.sunmark.co.jp　ご協力ありがとうございました。

今日から意識的に選択しましょう。ミネラルウォーターを飲むのか、甘味料たっぷりのジュースを飲むのか、そんな些細なことでも、自分のコンセプトに適した選択なのかどうか考えてみてください。

今日の食事が明日のコンディションをつくるように、今日の選択があなたの人生を決めます。なにより「自分自身で選んだ」という意識があなたを変えるはずです。

「一貫性」の持たせ方──その❺

**「人生のルール」に従って、あらゆることを意識的に選択する。**

## 「氷上の女優」が見せた尋常ならざるこだわりとは？

世界的な映画監督の黒澤明《くろさわあきら》さんやフランシス・フォード・コッポラ、宮崎《みやざき》駿《はやお》さん。彼ら巨匠たちの手掛けたすばらしい作品の数々に共通して感じ取れるのは「神は細部に宿る」ということです。

セット、衣装、小道具、画面に映り込むすべてのもの、ときには**画面に映らない部分のディテールにまで、監督自身が細かく指示を出して創り上げたからこそ、作品の輝きは色褪《あ》せることなく、世代を超えて評価され続ける**のだと思います。

この「神は細部に宿る」という言葉は二〇世紀を代表するドイツの建築家、ミース・ファン・デル・ローエの言葉ですが、「すごい人」たちと間近で接していると、「まさに！」と実感する言葉の一つでもあります。

軽やかでスピード感あふれる滑りと独創的なプログラム、その抜群の表現力で「氷上の女優（アクトレス）」と評された元フィギュアスケート選手の村主《すぐり》章枝《ふみえ》さん。ソルトレイクシティ五輪で五位、トリノ五輪では四位、さらに全日本選手権三連覇の偉業を遂げ、長い間、第一線で活躍されてきました。

村主さんはフィギュアスケート界のパイオニアでもあります。**パンツスタイルの衣装を女子フィギュアスケートでいち早く取り入れた**のは彼女でした。

また、フィギュアスケートでは二〇一四～二〇一五年シーズンからヴォーカル音楽の使用が解禁となりましたが、じつは**村主さんはそれよりも早く、二〇〇六～二〇〇七年シーズンにすでに使っていました。**ヴォーカルに意味のある歌詞ではなく、アディエマス語と呼ばれる架空の言語を楽器のように入れた『ファンタジア』という曲を使用したのです。この減点対象にならないように配慮した特別なヴォーカル音楽を使い、村主さんは世界を魅了しました。

表現のために自分のこだわりを貫き、リスクを恐れず行動する彼女を見ていて、私は「神は細部に宿る」ということを強く感じました。

たとえば、この『ファンタジア』という曲はイギリスのアーティストに作曲してもらったのですが、その**打ち合わせのためだけに彼女はわざわざイギリスまで行ったのです。**

さらに、イギリスから届いたラフ曲をスタジオで一緒に確認したときには、**曲のテンポや音圧、音のタイミングにいたるまで、事細かに要望を口にしていました。**

村主さんは指先の表現にもこだわりがありました。氷上で演技をするとき、絶対に必要なアイテムがネイルだと言っていたほどです。そんな彼女のこだわりは、二〇〇六年ネイルクイーンの文化・スポーツ部門を受賞したときの発言にも表れています。

「私の思いを爪の先からレイザービームのように、観客のみなさまへ届けたいと思って演技しています」

「心をこめた演技を爪の先から発信するというか、遠くのお客さまにも気持ちが伝わるようにとの願いをこめてネイルをしているんです」

彼女はそう語りました。

演技で使う曲やネイルにまでこだわっているフィギュアスケーターを私は他に知りません。おそらく、多くのフィギュアスケーターにはここまでのこだわりはないと思います。

観客席やテレビから、曲のテンポや音圧、どんなネイルをしているかなどを確認するのは難しいでしょう。しかし、この**見ている人には気づかないようなところにまでこだわることが大事なのだと思います。**

本当にわずかなことです。しかし、このわずかな差が「すごい人」の証《あかし》だと思いますし、「すごい人」たちはそんな細部にも自らの思い、イメージ、コンセプトを反映させています。

神は細部に宿る。

細部まで一貫性を持ってコンセプトを反映することが大切なのです。

「一貫性」の持たせ方――その❻

**どんなに些細なことでもこだわりを持つ。**

## まわりの目を気にして自分を曲げるやつが一番かっこ悪い

デビュー前のザ・ビートルズとエルヴィス・プレスリー。彼らに共通しているのが「リーゼント」です。

日本でリーゼントといえば、前髪を高く盛り上げたヘアスタイルを想像しますが、どうやらこれは和製英語らしく、「ポンパドール」というのが正しい呼称のようです。

日本では**一九五〇年代に流行したこのヘアスタイルを今も貫き通す人がいます。**「ハマの番長」こと、プロ野球・横浜ＤｅＮＡベイスターズの三浦大輔《みうらだいすけ》選手です。

試合中はもちろんのこと、プライベートでもリーゼント。さらに黒のレザージャケットと黒のデニムで身を包み、黒いスポーツカーに乗るその姿は、一見すると強面《こわもて》なロックンローラーです。

一方、**プロ野球は身だしなみに厳しく、個性的な外見に対する風当たりが大変強い世界。**それにもかかわらず、彼が長年、リーゼントを貫き通せる理由は何でしょうか？

もちろん血のにじむような努力でエースの座を勝ち取り、選手兼任コーチとして球団に貢献するすばらしい活躍が、その理由の一つでしょう。しかし、それだけではありません。球場外での個人活動も理由の一つなのです。

じつは三浦選手は、子どもたちに夢を与え続けることを心に誓い、自分が登板する試合には「番長シート」と呼ばれる特別な座席を用意して、**子どもたちを自費で招待している**のです。

また、二〇〇五年からは自らの発案で横浜市内の学校や施設への訪問を始め、二〇〇七年にはプロ野球選手の社会貢献活動を表彰する「ゴールデンスピリット賞」を受賞、さらに二〇一三年には「ベスト・プラウド・ファーザー賞in『プロ野球部門』」を受賞しました。

こうした**選手会や球団、地域社会をも巻き込んで社会貢献する彼の姿を周囲の人たちが知っているからこそ、身だしなみに厳しいプロ野球の世界でも彼はリーゼントを貫き通すことができている**のです。

三浦選手はただの強面な番長ではありません。誰よりも心優しく、誰よりも尊敬され、誰よりも頼られる「番長」なのです。

とはいっても、どんなに社会貢献していても、強面な外見だけを見て三浦選手のことを誤解する人はいます。

でも、それでいいのです。

世の中の人みんなに愛される必要はありません。

エンタテインメントの世界で仕事をしていると、人に嫌われることなんか当たり前でまったく気になりません。**あのザ・ビートルズやエルヴィス・プレスリーのような世界的スターにさえアンチがいるのです。**

だから、「嫌われているからコンセプトを考え直そう」とは絶対に思わないことです。人気が欲しいからと、「あっちへフラフラ」「こっちへフラフラ」右往左往して、いいことなどなに一つありません。

著名人やアスリートでなくても同じです。**どんどん嫌われていい**と思います。周囲の目を気にするあまり一貫性がなくなってしまうほうが、嫌われるより弊害があります。

コンセプトは理解してもらえる人にさえ届けば、それでいいのです。

髪型一つでも、人々の意見はわかれます。そう考えると、あなたの人柄や性格、コンセプトに対して、好きとか嫌いとか、いろいろな人がいるのは当然でしょう。

嫌われる人には嫌われればいい。

**あなたのコンセプトは、共感してくれる人にだけ届けばいい。**

なにもケンカをしろと言っているわけではありません。無理につきあうことはない、ということです。

自分のコンセプトを一貫して反映し続ければ、苦手な人は自然と離れ、共感してくれる人は自然と関係が近くなり、気づいたときには周囲は気の合う仲間でいっぱいになっているでしょう。

共感してくれない人のために無理してコンセプトを変え、挙げ句にまわりは苦手なタイプばかりになっていては目も当てられません。

コンセプトはそれに共感してくれる人にさえ理解してもらえれば、それでいいのです。

「一貫性」の持たせ方——その❼

**嫌われることを恐れない。**

## テクニックが心を動かすのではない、ストーリーが動かすのだ

日本のスポーツ界にとって二〇二〇年に開催される東京五輪は最大のトピッ

クですが、その招致を決定づけた二〇一三年のＩＯＣ総会での最終プレゼンテーションは本当にすばらしい内容でした。

このプレゼンテーションを指南したのはコンサルタントのニック・バーリー。ロンドン五輪（二〇一二年）、リオ・デ・ジャネイロ五輪（二〇一六年）、そして東京五輪。三大会連続で招致に成功したプレゼンの達人です。

彼の緻密に組み立てられたプレゼン戦略と、パフォーマンステクニックには大いに関心が寄せられました。しかし、**ＩＯＣ委員や世界の人々の心をつかんだのは、彼のテクニックではなく、登壇者たちが表現した自身のストーリー、コンセプトだったた**と思います。

なかでも、パラリンピック陸上・佐藤真海《さとうまみ》選手の「スポーツは人生で大切な価値を教えてくれた」というスピーチには、多くの人が感動したのではないでしょうか。

病気により足を失ったときスポーツで救われたこと、そして、東日本大震災の支援活動でスポーツの力を目の当たりにしたこと。自身の半生をもとにしたスピーチが、会場の人々の心を鷲《わし》づかみにしたのは間違いありません。

多くの人の心を動かしたという意味では、二〇一一年、プロ野球・東北楽天ゴールデンイーグルスの嶋基宏《しまもとひろ》選手のスピーチも忘れられません。東日本大震災の復興支援のために行われた慈善試合の前に、嶋選手は「見せましょう、野球の底力を」と語り、被災者たちの心を奮い立たせました。

**この言葉には、被災地球団選手としての思い、ストーリーが込められています。**だからこそ、多くの人の心に響いたのではないでしょうか。

アスリートの場合、佐藤選手や嶋選手のように、世界が注目する大舞台で発言したり、ときには自身の関わってきたスポーツとはまったく関係のないトピックにも「一言」を求められたりする場面があります。

それがたとえたった一言のコメントであっても、彼らの発言は影響力が大きく、情報が伝達・拡散される速度は驚異的です。また、事前に決められたセリフや言葉を演者として発することを求められる場合もあります。

本章の冒頭で「アスリートの言葉には重みがある」と言いましたが、**数々の修羅場を潜り抜け、実績を残してきたような「すごい人」たちの言葉には力があります。**彼らの発する意見や考えは、ときに驚くほど多くの人に届くのです。

だからこそ、アーティストやアスリートのコメント、発言内容に私たちはとても気を配ります。

とくに気をつけているのが「その人のコンセプトが反映されているかどうか」ということです。その人らしさがコメントから感じ取れるか、その人のストーリーが言葉に込められているかを意識しています。

これは、あなたが発する言葉も同じです。

言葉の重みを無視することはできません。あなたのコンセプトが発言内容に込められているかはもちろんのこと、ちょっとした言い回しやタイミングなどで、周囲の人のあなたに対する印象は変わります。

たとえば、**コンセプトが「丁寧」や「親切」なのに、汚い言葉づかいであれば「粗野」なイメージを持たれてしまいます**し、反対に、聞き手に配慮した丁寧な言葉づかいを心がけていれば、コンセプト通りの印象を与えることができます。

どういった言葉で、どういったメッセージを発するのか。それなくして一貫性を持たせることはできないのです。

「一貫性」の持たせ方——その❽

## 自分の発言がコンセプトに合っているか意識しながら話す。

# 「他人と同じトイレは嫌だ」と言う人はただのわがままなのか?

渡辺謙《わたなべけん》さんや真田広之《さなだひろゆき》さんのハリウッドでの活躍と評価は日本人として誇らしいの一言ですが、興味深いことに、同じエンタテインメントの世界であっても、日本と海外では言葉だけでなくビジネス環境も異なります。

たとえば、アメリカには俳優のユニオン、労働組合が存在します。そのため、映画を撮る際には組合の規定に従って行わなければなりません。

**俳優の一日の就労時間、最低報酬額、キャンセル料、昼食時間はもちろん、超過時の残業手当、前日の終了時間から一二時間は翌日の撮影禁止、高額な保険への加入、スクリーンにクレジットを表示するときの記載方法**など、日本のエンタテインメント業界では規定されていない労働者の権利、環境が保障されているのです。

一方、日本にはこうした規定がほとんどありません。そのため、最良の環境づくりのために私たちマネジメントが毎回、事前の環境確認と、必要であれば要求を行います。

たとえば、アスリートには質の高い栄養と量を満たした食事が欠かせませんが、もし長時間の撮影現場でそれらが調っていなかったら、そのアスリートの本業に悪影響を及ぼしかねません。

そんなとき、私は先方の製作スタッフに、**理由も含めてできるだけ丁寧に、けれど事細かに確認をします。**

「すみません。ご用意いただく食事の内容は栄養価を考えて、低カロリー高タンパクでお願いします。メニューは事前にチェックさせてください。シーズンオフでも体調管理は継続していますので、ご配慮のほどよろしくお願いいたします」

「就寝前の消化吸収を考え、一九時前には夕飯を済ませたいので、遅くとも一七時には撮影を終了するか、一度食事休憩をはさませてください。栄養摂取タイミングを大きく変えて体調に支障をきたすと困るので、どうぞよろしくお願いします」

アスリートが撮影・取材・イベント出演するたびに、こうしたお願いをします。あまりに細かく、しかも毎回同じクオリティを求めるので、**「伊藤さん、わかってます。前回同様大丈夫ですから、安心してください」**と言われる始末です。

本当はもっとサラッとリクエストしてもかまわないですし、もっとドライに希望項目をリスト化して要求するだけという手法もあるでしょう。

しかし、それはトップアスリートたちの環境構築には最適ではありません。コンセプトを正しく認識・共有していただけないリスクが高まるからです。

元医者で、現在は講演活動をされている女性のマネジメントをしている人と話をした際に、同じような話を聞きました。

彼女が講演をするときは、**地方のどんなに小さな会場でも、彼女が使用するトイレとお客様の使用するトイレを分けてもらうよう、主催者サイドに必ずお願いする**そうです。

その女性は全国的にそこまで著名な方ではありません。かといって、彼女がわがままであったり、ハリウッド女優気取りだというわけでもない。アイドルや人気女優というわけでもありませんから、トイレで講演のお客様と鉢合わせしても、大きなトラブルにはならないはずです。

しかし、講演のお客様から健康に関する質問をされることはよくあるそうで、そのときに**うっかり答えてしまうと医療行為になってしまう。**つまり、問診したとみなされてしまうのです。しかも、立ち話でしたアドバイスが原因で、万が一、生死に関わる大病の発見が遅れたなどと言われたら責任が取れません。

ですから、お客様と直接話す機会を極力少なくしているのだそうです。

聞けばなるほどと納得できますが、詳しく説明をしないと誤解されてしまうかもしれません。そのため、彼女のマネジメントは講演の依頼がある度に、同じ話を何度も何度も丁寧に主催者サイドに伝え、お客様と接触しないように彼女専用のトイレを用意してもらっているそうです。

これはコンセプトを主張に反映させるときも同様です。

大勢の前に立つときほど、コンセプトは正しく伝えなければなりません。

ところが、**情報というのは川の流れといっしょで、下流に行けば行くほど広く、薄まってしまいます。**あなたのコンセプトをすみずみまで行き渡らせるためには、みんなから「わかったからもういいよ」「十二分に理解してるよ」と言われるまで、しつこく説明するくらいでちょうどいいのです。

つまり、コンセプトの説明は強く、しつこく、が肝要です。

日本人は特有の奥ゆかしさで、しつこく言ったら相手に失礼だと思う人が多いのですが、**コンセプトは空気と違い、読んでもらうものではなく伝えるものです。**

あなたのコンセプトを正しく伝えるためには、徹底的に外見・主張・行動に反映し、一貫性を持たせなければなりません。誤解を防ぐには情報量を増やすしかないし、認知・共有、理解をしてもらうにはずっと継続させなければいけないのです。

「一貫性」の持たせ方―その❾

## 自分の要望をしつこいくらいにくり返し説明する。

# ジョブズがいつも同じ服装だったのはなぜだろう？

「人間は中身で勝負だ！」

その通りです。

ですが、初対面では外見でしか人を判断できません。**私もあなたもまず外見で判断されています。**内面のすばらしさを知るには時間がかかるし、人は相手の第一印象をたった数秒で判断しているからです。

対面して、目が合い挨拶する数秒間。このほんのわずかな時間で脳が勝手に「いい人そう」「優しそう」「性格がきつそう」などとイメージしてしまう。しかも最初のイメージをくつがえすには、二時間かかるという人もいるほど強烈なものです。

あなたは外見で判断されています。

だからこそ、**「服装は自分そのもの」というくらいの覚悟を持ってファッションに取り組んで間違いはありません。**

ファッションを通して「自分はこういう服を選ぶ人間です」と自分のコンセプトを伝え、「なるほど、こういう服を選ぶ人なのか」と相手の脳が正しく認識してくれれば、その後のコミュニケーションは驚くほど楽になります。

結果、「類は友を呼ぶ」というように、ファッションを通して表現されたあなたのコンセプトが、あなたを認識・共感してくれる人を呼び寄せてくれるでしょう。

ビジネス界に革命を起こした人物の一人、アップルの共同設立者、スティーブ・ジョブズを例に考えてみましょう。たとえば彼が黒いタートルネックではなく、**普通のスーツに身を包んでiPhoneのプレゼンテーションを行ったとしたら、どうなっていたでしょう？**

あくまで想像ですが、おそらく多くの人はアップルやiPhone、そして彼自身に興味を持たなかったと思います。

スティーブ・ジョブズは、一九九八年から、黒いタートルネックにデニム、そしてスニーカーというとてもシンプルなスタイルで登壇し、ファッションの力を借りて、「アップル＝シンプル」というコンセプトを伝えてきました。

語り継がれるタートルネック伝説によれば、もともとはソニーが工場で働く社員たちに支給していた制服を彼が気に入ったのがきっかけだそうです。制服が社員と会社を結びつけているという考えに感銘を受けた彼は、アップルにも制服を導入しようとしました。ところが、社員たちに大反対されてしまったのです。そこで、彼は自分のスタイルを人に伝えるために、自分だけの制服をつくることにしました。そして、そのデザインを有名なデザイナーでソニーの制服もデザインしていた三宅一生《みやけいっせい》に依頼しました。それが、あのタートルネックなのです。

**余計なものを一切削ぎ落としたシンプルさ、けれどハイクオリティ。洗練された製品を生みだすアップルという会社をイメージさせるのに、あれほど効果的なスタイルがあったでしょうか。**

もしもジョブズがただのスーツ姿だったり、毎回違う服を着ていたりしたらどうだったでしょう。シンプルだけど高性能で、わかりやすく、革新的な製品を世に送り出しているアップルのイメージをアピールできたでしょうか。

逝去後は同じような黒いタートルネックの売り切れが続出し、「黒タートルネックを着てジョブズ氏を偲《しの》ぶ会」なんていう企画もあったそうですから、いかに私たちが彼の戦略にはまり、イメージをすり込まれていたかがわかります。

反対に、ファッションにこだわらないことで自らのコンセプトを表現している「すごい人」たちもいます。

天才の代名詞となっている理論物理学者のアルバート・アインシュタインは同じスーツを何着も購入し、靴下は履かず、いつも髪はボサボサでした。第四四代アメリカ合衆国大統領のバラク・オバマは、いつもグレーか青のスーツを着用しています。フェイスブック共同創業者のマーク・ザッカーバーグは常にTシャツ、パーカーにデニム姿です。

彼らは**「洋服を選ぶ」という物理的な決断の数を徹底的に減らすことにより、決断によるストレスや疲労のリスクを回避している**と言っています。

適当に気にするのでなく、徹底的に気にしない。彼らを見ていると、もはや見た目や外見を気にするレベルにいないということがよくわかります。そして、それもまた、「すごい人」ならではのコンセプトなのでしょう。

外見にこだわるということは、ブランドや服の価格ではないのです。外見があなたのコンセプトをきちんと表しているかどうか。問題はそこです。

「中身で勝負だ」というのはわかりますが、自分が伝えたいメッセージやコンセプトを代弁したファッションならば、外見も十分あなたの武器になるのです。

「一貫性」の持たせ方――その⑩

**自分のファッションがコンセプトを伝えるために適切かどうか考える。**

# 「不自由」に息苦しさを感じる人、感じない人

私の従兄弟《いとこ》は金融関係の会社に勤めていて、いつも白いシャツに紺かグレーのスーツを着ています。ネクタイも当たり障りのないものを、決して緩めることなくキュッとしめている。髪は清潔感のある短髪で、ヒゲ、茶髪やパーマなど想像したこともないといいます。

対してエンタテインメントの世界では、アーティストやアスリートのみならず、マネジメントである私たちも服装や髪型が自由です。黒いシャツで出社したり、スーツやネクタイを着用しないときもしょっちゅうあります。ヒゲ、茶髪、長髪、ピアスや指輪、ブレスレットなどのアクセサリーを付けていても、とがめられることはありません。

もちろん私服の傾向も仕事着と同じで、親戚同士でも生きる業界が異なると

外見は一八〇度異なるようです。

一度、「もっとファッションを楽しみたくないの？」と従兄弟に聞いたことがあります。すると、彼は「いやいや、僕はこれでいいんだ。うちの会社は僕のような人間の集まりなんだ。**好きな服で出社しろと言われたら、みんな毎朝困ってしまうよ。**クールビズは僕たちのような人間のためにあるようなものだよ」と笑っていました。

私は仕事でもプライベートでも、暑ければ勝手にTシャツを着るし、寒ければコートを羽織る。けれども従兄弟は**「はい、今日からクールビズです」と言われなければ、半袖のポロシャツを選ぶ気分にはならない**のだそうです。

逆にクールビズ期間に肌寒いからといって長袖を着ようものなら、「おい、長袖なんか着てどうしたんだ。もうクールビズだぞ」と注意されるそうです。

なるほど、そういう世界もあるのだなと思いました。

自由に好きな服を着るよりも、ルールに則ったファッションのほうが彼の性に合っているし、素直で実直な性格をよく表現しています。私には堅苦しく思えるコーディネートこそ、彼のコンセプトを的確に表現しているのです。

「なにをそんなにファッション、ファッションと言うのか」

そう思う方もいらっしゃるでしょう。

けれど、**コンセプトを伝えるのにファッション（＝外見）は絶対的な要素の一つ。一番手っ取り早くイメージをアピールできる最強のツールなのです。**

ただし、「ファッション」とは単なるおしゃれではありません。

ファッションデザイナーのココ・シャネルが「ファッションとはアイデア、生き方、現在の出来事と関わっている」と言っているように、服を着るときは自分自身をよく知り、どんなメッセージ、コンセプトを発したいかよく考える必要があります。

つまり「ファッション＝コンセプト」であり、装いを考えることは社会での自分の在り方、生き方を考えることでもあるのです。

とはいっても、難しく考える必要はありません。

要は自分のコンセプトが正確に語られているならそれでいい。反対に、**どんなに似合っていてもコンセプトがぶれてしまうような服装はNGなのです。**

あなたが普段着ている服はあなたのコンセプトを反映していますか？

「なりたい自分」を表現しているでしょうか？

「一貫性」の持たせ方――その⑪

## コンセプトに合わない服は着ない、と決意する。

## おバカキャラには絶対にスーツを着せてはいけない

レディー・ガガときゃりーぱみゅぱみゅさんはアメリカと日本を代表するファッションアイコンの「すごい人」ですが、彼女たちの個性的なファッションをそのまま自分のコーディネートに取り入れる人は少ないでしょう。

レディー・ガガは自らを「ファンの声を代弁する媒介」と称しています。また、きゃりーぱみゅぱみゅさんは自らのファッションについて、「自分がやってみたいけどできないことを見たいという感覚の人がいると思います。そのような思いに対し、『それならば夢を見せましょう』みたいな感覚でやってます」とインタビューで述べています。

つまり、**彼女たちは「代弁者」というコンセプトをファッションを通じて表現している**のです。

ファッションに関しては、ACミラン所属のサッカー選手・本田圭佑選手も欠かせないでしょう。彼が出国・帰国する際に空港で見せるファッションは、いつも注目されます。

二〇一四年、ACミランに移籍するため、成田空港からイタリア・ミラノに向かうファッションも大変話題になりました。そのとき身にまとっていたコートは、イタリアを代表する老舗ブランドの二〇一三～二〇一四年秋冬コレクション。金ボタンが光る黒いコートに赤のニットという、**ACミランのユニフォームを思わせる配色**で、グローブ、マフラーなど小物まで気を配っていました。

イタリアのチームに移籍したから安易にイタリアンブランドを選んだというわけではありませんが、やはり今後のイタリアでの活躍を期待させる装いとなりました。

また二〇一三年六月、W杯アジア最終予選のオーストラリア戦に出場するために帰国したときは、サムライブルーと日の丸を連想させるブルーのジャケットに赤のパンツ姿でした。しかも、腕には幼い長男を抱いて登場。父親になったことを報告するスタイルで、集まったマスコミやファンを驚かせました。

このように、「すごい人」たちが外見を活用しアピールするのは、内面やコンセプトだけではありません。上手に使えばそのときどきの状況や思い、メッセージを込めることもできるのです。

たとえば**本田選手がスポーツカーから颯爽《さっそう》と登場する姿は、子どもたちへ「夢を実現する大切さ」を間接的に伝えます。**元イングランド代表サッカー選手のデビッド・ベッカムが見せる洗練された男らしいファッションは、彼のスターとしての輝きや信頼性を世界に伝えます。韓国の超人気男性アーティストグループ、BIGBANGが振り幅の広い個性的なファッションをするのは、彼らが音楽シーンをリードする最先端のグループであることを表現しています。

誤解しないでいただきたいのは「おしゃれ」がいいわけではない、という点です。

もし、あなたが「スタイリッシュ」をコンセプトの一つにしているのであれば、誰もがおしゃれと感じる外見に仕上げればよいですが、**あくまで大事なのはコンセプトに合っているか、否かです。**

たとえば、以前こんなことがありました。

あるアスリートと番組出演時の衣装について打ち合わせをしていたときのことです。彼から「私服で出演したい」という相談を受けました。

「あなたのコンセプトに合うものなら、ぜひ」と服を拝見したところ、ハイブランドのシャツとパンツでした。誰が見ても素敵で、品質もいいものでしたし、似合ってもいました。プライベートなら申し分なく素敵なコーディネートだったでしょう。

ところが、彼はこだわりのあるキャラクターを生かし、「個性的」「強い思い入れ」というコンセプトで活動したかった。それを考えるとハイブランドのシックな装いはなんともちぐはぐです。

**「この服ではせっかくのあなたのコンセプトを視聴者に伝えにくいです。申しわけないけれど、こちらで用意した衣装でお願いできないでしょうか」**とストップをかけました。

あなたにはあなたのコンセプトがあります。

「個性的でおもしろい人」ならば、それに見合った服装をしなければなりません。極端な話、「おバカ」を売りにしていくのであれば、「いかにバカか（＝素直、前向き）」を強調した服を着るべきです。

それもまたすばらしいコンセプトであり、価値向上のためにあなたが選択すべき戦略なのです。

「一貫性」の持たせ方――その⑫

**コンセプトに合った服を買う。**

## 履歴書の説得力が大きく変わる写真の撮り方

吉田えり選手は日本と世界のプロリーグで勝利した、世界初の女性プロ野球選手、ピッチャーです。

一五五センチ、五五キログラムの小さな身体からくり出す変化球「ナックルボール」は、ほぼ無回転で手を離れ、右へ左へフラフラ揺れるように変化しながら、バッターの目前でスッと落ちる。**小柄な女の子がくり出す魔球に、体重が彼女の倍ほどもある男性プロ野球選手たちが翻弄される様子は驚きを超え、観る人を現実の世界からマンガなどのファンタジーの世界へと引き込みます。**

彼女のユニフォームとバットは、アメリカの野球殿堂博物館に飾られ、野茂《のも》英雄《ひでお》さんやイチロー選手らも持っている永久入館証を彼女は授与されました。

それほどのアスリートですから、吉田選手の宣伝材料用の写真にはそのすごさが伝わるようなものを使いたくなります。しかし、私たちは別の選択をしました。

当時高校生だった彼女に、**学校の制服を着てもらい、あえてスナップ写真のような写真を彼女の宣伝材料用の写真にしたのです。**

一見すると親戚の娘さん、友だちの妹という感じで、まったく普通の可愛《かわい》らしい女子高生に見えます。

小柄な体で大柄な男性選手を打ち取る姿から、彼女のコンセプトは「意外性」。だから、その意外性を表すため、あえてギャップのある写真にしたというわけです。

実際、**この写真を見せながら彼女のことをまだ知らない人に「実は彼女は野球殿堂入りしているプロ野球選手。ナックルボーラーで……」と話すと、たいていの人は驚きます。**

DVDをリリースさせていただいた際も意外性を作品に投影し、タイトルは『吉田えり 一七歳 職業・プロ野球選手』としました。

こうしてアスリートとしての実績と、コンセプトである「意外性」を前面に打ち出すことにより、彼女自身の価値を高めることができたのです。

宣伝写真は人の目に触れる機会が多いので、ヘアメイクさん、スタイリストさん、フォトグラファーさんたちとの共同作業です。試行錯誤しながら、最もアスリートのコンセプトが反映できるヘアスタイルやスタイリング、写真をつくりあげます。

たとえば本田圭佑選手の場合、ヘアスタイルは精悍《せいかん》な短髪で個性的な金髪、クラシックなウイングカラーシャツの袖をあえてまくり上げ、ボウタイをほどき首元にラフに垂らしたスタイリング。視線は鋭く前を見て、強い肉体と強い精神、実力、個性、主張を物語るような写真を用意しています。

写真に込めたコンセプトイメージとキャッチコピー、関連キーワードは必ずイコールでなければ意味がありません。**もしも「類稀《まれ》なる実力と個性」と謳《うた》いながら、写真がベーシックなボタンダウンシャツを着たさわやかな好青年では、コンセプトを表現したとはいえません。**

同じく二〇一四年のダルビッシュ有選手の宣伝材料では、「実力・人気・ルックス　すべてを兼ね備えた絶対的エース」がキャッチコピーです。洗練された黒いVネックカットソーを着たダルビッシュ選手が、腕を組み、こちらをグッと見すえた写真を添付しています。

関連キーワードは「世界、エース、頂点、最高品質、精巧、美しさ」など。Vネックが勝利のVを表している、というのはちょっと言いすぎかもしれませんが、やはり写真に込めたコンセプトイメージとキーワードはぴたりと合わせています。

たいていの人にとって宣伝材料というのは無縁でしょう。

しかし、たとえばこれを履歴書に置き換えて考えてみてください。**自分がどういう人間かアピールする、という意味では宣伝材料の写真も履歴書に貼る写真も同じ**です。

であれば、履歴書の写真に少しでも自分のコンセプトを反映させてみてはいかがでしょうか。

かっこよく写ったり、美人に写ったりするのもいいですが、それ以前に写真や記載している経歴が、あなたのコンセプトに合っているかどうかが重要です。**「笑顔」がコンセプトの人であれば最高の笑顔で写るべきだし、「個性的」というコンセプトなのに黒のリクルートスーツでは一貫性がありません。**

写真が人に与える影響は大きい。「真面目で実直な性格」と言葉で説明するだけよりも、「真面目で実直」そうな写真が添付されていたほうが、説得力があるのです。

「一貫性」の持たせ方──その⑬

**コンセプトに則って写真を撮る。**

## グルメレポーターにぽっちゃりタレントが起用される理由

痩せている、太っている、筋肉質、中肉中背、と体型にもいろいろありますが、あなたの体型はあなたのコンセプトに合っているでしょうか。

体型というのもファッションと同じく、自分という人間を表すのに大切なツールの一つです。

たとえば、太っている人がいたとします。多くの人は、自分の健康管理もできない不摂生な人間だという印象を持つかもしれません。**世間的には、「太っている＝だらしない」というイメージが強いでしょう。**

しかし、私は一概にそうとは思いません。

もし、自分が肩肘はらない街なかの洋食屋のシェフだとしたら、ふっくら丸みを帯びて愛嬌《あいきょう》のある体型を選びます。

普段着で気軽に来られて一人でも入りやすい店に、いつもニコニコ客を迎える太ったオーナーシェフ。この人がつくる料理は高級路線ではないけれど、満腹でもついもう一品食べたくなるように、心にしみるようにおいしいのだろう……と印象づけられると思うからです。大らかで朗らか、幸せな食のイメージを、ぽっちゃり体型で表現できるからです。

そうです。**体型は顔つきと違って生まれついてのものではなく、自分でいくらでも変えられる。選択できるものなのです。**

食のレポートが売りのタレントさんは少々太めの方が多いでしょう。頬の肉が盛り上がったレポーターが、目を細めながら料理をぺろりとたいらげる。

「この人、こんなに太るまでいろいろなものを食べていて、きっと舌も肥えているのでしょうね。番組で紹介されたレストランもおいしそうよね」

そう視聴者に思わせるのが彼らの役割で、節制し、食が細く、モデルさんのようにすっきり痩せてしまったらいい仕事ができないかもしれません。

プロ野球選手として二一年間活躍した「鉄人」こと、金本知憲《かねもとともあき》さん。二度のリーグ優勝、一四九二試合連続フルイニング出場の世界記録、一〇〇二打席連続無併殺打の日本記録など、その輝かしい記録の数々と、左手首を骨折しながらも試合に出場し、右手だけで二安打を放つなど、ファンの記憶に残る強烈なプレーが印象的です。

けれど、**金本さんの鉄人らしさを最も雄弁に物語るのは、数字やデータではなく、その鍛え抜かれた肉体の迫力です。**太い首、鋼のような前腕、広く厚い背中、そして本当に心が強い人にしか出せない満面の笑み。

そのすべてが「鉄人」そのものです。

服と同様に、体型もあなたのコンセプトを如実に表すものです。

もし、流行の服をさらりとまとって、スタイリッシュな女性でありたいと思うのなら、おしゃれな服を着こなせるだけの知識やファッションセンスはもちろんですが、それだけでなく**そのコンセプトに恥じない体型を手に入れる努力も必要です。**

「モデルさんみたいになりたいのよねぇ」と言いながら、芸能人のゴシップ記事を読みつつ高カロリーのケーキをほおばるのは明らかな矛盾。せっかくコンセプトを定めたのが無駄になってしまいます。

「一貫性」の持たせ方――その⑭

## 自分の体型がコンセプトに合っているか考える。

## 韓流ブームを巻き起こしたヨン様の鉄壁すぎる一貫性

近所の子どもたちに自宅を知られている某アスリートが、居間で朝食を食べながら、窓の外からの視線を避けるように姿勢を低くしたり、外出するときに数台の謎の車に朝から晩まで尾行される様子を見て、著名人ならではの苦労を感じたことがあります。

このように、仕事中はもちろんですが、著名人はプライベートでも多くの人の目にさらされます。

**二〇〇〇年ごろまでは、スターがスターでいられた時代でした。**ファンが著名人の素顔に触れる機会はほとんどなかったため、プライベートで彼らがどんな人間であるか、ということは本業にさほど影響がなかったのです。

しかし、現在は違います。無理につくったイメージを著名人に持たせるのがなかなか難しくなりました。

スクリーン、劇場、テレビなどが主戦場だった時代は、スターはまさしく深窓の人でしたが、ブログやツイッター、フェイスブックなどのSNSが普及し、ファンによる著名人の目撃証言や、著名人本人による情報発信が当たり前の世の中になると、仕事とプライベートでの活動をまったく別物とするには無理が生じるようになってしまったのです。

「テレビでは気さくな感じなのに、街で見かけたら態度が大きくて……」なんて話が、一瞬のうちにネットに流れてしまう。たとえマネジメントのプロであっても、無理に創作したイメージを著名人に持たせるのは至難の業でしょう。

そのため、**今の時代はつくられたコンセプトで取り繕うのが不可能です。**

著名人のコンセプトは、本来の人柄や性格とギャップのないものが求められます。ですから、**媒体に登場するイメージとプライベートの姿はほぼイコール**と考えてもらってかまいません。

というよりも、そうしないと3Cが成立しませんし、仕事とプライベートでギャップのないキャラクターでないと、価値を最大化するのが難しいのです。

現代に求められるのは、公私にギャップが生じない嘘偽りのないコンセプト。そして、それを徹底的に反映し、一貫性を持たせることです。

それを説明するのに最適なのが、「ヨン様」です。

ヨン様ことペ・ヨンジュンは、言わずと知れた韓流スター。二〇〇三年にNHKで放送されたドラマ『冬のソナタ』で大ブレイクしました。

長身で端整なマスク、常に微笑みを絶やさず言葉づかいも丁寧なうえ、筋骨隆々なスポーツマンという非の打ちどころのない男前。なにより、ファンを「家族」と呼ぶほど大切に思い、東日本大震災をはじめ国内外に災害があればいち早く義援金を送る――「微笑《ほほえ》みの貴公子」のイメージは、彼が一番に打ち出しているコンセプトです。

そんな彼が二〇〇五年に**テレビ朝日『徹子の部屋』に出演した際、私はヨン様としてのすごさを見せつけられました。**

スタジオ入りした笑顔のペ・ヨンジュン。同じく満面の笑みの黒柳徹子《くろやなぎてつこ》さん。ペ・ヨンジュンは日本語が話せないし、黒柳さんも韓国語が話せない。当然、通訳を介してのコミュニケーションが始まります。

私は海外アーティストのインタビュー現場にも数多く立ち会ったことがあるのでわかるのですが、どんなにアーティストがインタビュアーと打ち解けていても、あるいはお互いに何回も会ってプライベートの人間関係が構築できていたとしても、話すときはどうしても通訳のほうに顔を向けて話をしてしまうものです。インタビュアーもインタビュアーで、通訳のほうを向いて相槌《あいづち》を打ち、話を進行してしまいます。

お互いに直接話す相手が通訳なので、しかたがないと言えばしかたがないのですが、どんなに慣れた人でも、無意識のうちにそうなってしまうのです。

しかし、ヨン様は違いました。

通訳を介して話していながら、目はずっと黒柳さんを見つめている。あたかも通訳などいないかのように、**この世界には二人しか存在しないかのように、彼女のほうだけを向いて話しているのです。**かといって通訳を無視したような冷たさのないところがまたすごい。

結局、ヨン様は番組の最初から最後までずっと通訳に目を向けず、黒柳さんだけを見つめたままでした。しゃべりのプロである黒柳さんのほうが通訳の方に「それでね」なんて話してしまうのが気になったくらいです。

さらに番組のエンディングでも、黒柳さんが駐車場までヨン様を見送るのですが、そのときも貴公子はずっと、ずっと貴公子なのです。

わざわざ見送ってくださった黒柳さんに感謝の気持ちを込めた挨拶をし、乗り込んだ車の窓を開け、あの憂いを含んだような笑顔で、最後の最後まで「ヨン様＝貴公子」として別れの挨拶をし続けていました。

『徹子の部屋』に出演したヨン様はまさにコンセプト通りの貴公子で、一分の隙もない。**徹底的に一貫して貴公子というコンセプトを外見・主張・行動に反映するその姿は、一切ブレることがありません。**

『徹子の部屋』に出演した彼を見て、「すごい人」が自らのコンセプトを反映するすごみを感じました。

コンセプトを定めたらそこで終わりではありません。

そこからが「なりたい自分」「理想の姿」を手に入れるためのスタートです。

「すごい人」たちほどではなくても、外見・主張・行動のすべてに一貫性を持たせ、周囲に「自分はこういう人間なんだ」「こんなことを考えて生きているんだ」ということをアピールすることで、夢や目標を少しずつたぐり寄せることができるのです。

**「一貫性」の持たせ方――その⑮**

**朝から晩までコンセプトに従って生きる。**

# 墜落の危機がどんな人生も選べることを教えてくれた

一九八六年、アメリカ海軍の戦闘機パイロットの青春を描いた映画『トップガン』が全世界で大ヒットしました。

主演のトム・クルーズの甘いマスクに世の女性たちはときめき、飛行機乗りが着こなすフライトジャケット「MA‐1」とレイバンのサングラス姿の**自称トム・クルーズの男性が街にあふれました。**

エンタテインメントの影響力は絶大です。当時高校生だった私も当然のように影響されてMA‐1とレイバン姿に憧れ、高校が付属している大学にあった体育会航空部の下部組織の一員になりました。

大学航空部の部員には、航空業界への就職を見すえている学生も大勢いましたが、トム・クルーズに憧れただけの私はそこまで考えていませんでした。しかし、「大空を駈《か》ける」ということには大いに好奇心をかき立てられ、グライダーの操縦桿《そうじゅうかん》を握ることにしました。

グライダーとは、エンジンやプロペラなどの動力のない航空機です。とはいっても、通常の飛行機と同じく高度計、速度計、昇降計といった計器は備えてあり、補助翼、方向舵《ほうこうだ》、昇降舵《しょうこうだ》を操作し大空を滑空します。

動力がないので、離陸は凧揚《たこあ》げの原理と同じです。機体を長さ一キロメートルほどの曳航《えいこう》ワイヤーにつなぎ、それをウインチが高速で巻き取ります。すると、ものすごいパワーで加速し、風が翼に当たることで揚力が生まれ、フワリと離陸します。**時速約一〇〇キロメートルのスピードで上昇を続け、高度三〇〇～四〇〇メートルで曳航ワイヤーを切り離します。**

上空に舞い上がったその瞬間からは、聞こえるのはただ風の音だけ。その他の音は一切聞こえません。

しかも、マラソンや自動車レースなどと違ってコースは自由。上下左右、道路もない、信号もない大空をどのように旋回し、どんなコースを描いて帰路につくかはすべて自分の手にゆだねられています。邪魔するものはなにもない。三六〇度広がる大空。

あるとき一度だけ、好奇心から操縦桿をグーッと前に倒し、機体を急降下させてみたことがありました。

機首が下がり、ものすごい速度で急降下します。**心臓も胃も内臓も、すべてがせり上がって口から飛び出しそうになり、機体とキャノピーの隙間から猛烈に吹きつける風圧と重力で、レイバンの奥にある目の玉の水分が空気中にすべてはがれ飛び散ります。**

上空二〇〇メートルから、地面めがけて一気に急降下。

「まずい！　墜落する!!」

必死で操縦桿を引き、運よく地上数メートル、ギリギリのところで持ちこたえました。

**あとコンマ数秒ほど操縦桿を引くのが遅かったら、今ごろ私は機体もろとも地面に激突していたでしょう。**実際、グライダーでの死亡事故は後を絶たず、残念ながら世界中で散見されます。

その日、グライダーを降りてから冷静な頭で思いました。

「操縦桿を倒したのも、引いたのも、自分で選択したのだ」と。

グライダーの操縦桿のように、私たちは今日、この日をどう生きるか選択しているのです。さらに目の前には無限の大空が広がっていて、どんな人生も選ぶことができる。

あの日の体験から、私はそう考えるようになりました。

今では操縦桿を握ることもありませんが、時折あの真っ青で風の音しか聞こえない世界を思い出します。そして自分に問いかけてみるのです。

**「今、自分は『選択』をしているか」**と。

「すごい人」ほど自分に限界や制限を設けません。

**小学生のころから、プロになる、世界で活躍すると本気で誓い、「そんなの夢物語だ」など露ほども思わない。**周囲に荒唐無稽と言われても、無限の大空に向かってチャレンジし続けた結果が「すごい人」ということなのです。

一貫性を持たせるため、あなたも限界や制限を設けず、選択し続けましょう。

**「一貫性」の持たせ方—その⑯**

**自分の限界を設定しない。**

# 第3章

# 「すごい人」はなにがなんでもやめない

# ハンバーガーを高級フレンチと同じ価値に感じさせる方法がある

**物の価格と人が感じる価値は決して比例しない。**

私はそう考えています。

そのような考えに至った原体験を話させてください。

私の実家の家業は一九三七年に祖父が創業した銀座「月ヶ瀬」というあんみつ屋と、一九四七年に創業した「コックドール」というフレンチレストランの経営でした。

**幼いころ、週末は家族で銀座に向かい、当時、銀座五丁目にあった数寄屋橋阪急の最上階で営業していたコックドールで夕食を摂るのが決まりでした。**

数寄屋橋阪急の専用エレベーターで最上階に上がり、黒服のマネージャーが出迎えてくれ、奥の席に通された私の目の前には完璧にテーブルセッティングされたグラス、カトラリー、皿、ナプキンが並び、旬の素材や世界三大珍味、トリュフ・キャビア・フォアグラをふんだんに取り入れたフレンチのコース料理を食べる。

そんな生意気な幼少期を過ごしていました。ところがその後、私たち家族四人は広い高級マンション住まいから狭い二間のアパートに移り住み、真逆の生活をすることになるのですが、それはまた別の話。

いずれにせよ、家業の店舗ですし、自分で勘定をしたこともないのでわかりませんが、コックドールでの食事は安くなかったと思います。

一方で、**私はマクドナルドも大好きでした。**

ご存じのように、マクドナルドには黒服のマネージャーも素敵なテーブルセッティングもありません。客単価も高くないファストフードチェーンです。でも、同級生を招いて誕生会を催してもらったくらいマクドナルドが好きでした。

小さいながらも、私は**高級フレンチと安価なハンバーガーに同じぐらいの価値を感じていた**のです。

ではなぜ、フレンチレストランとファストフード、高価な物と安価な物を同じぐらいの価値に感じさせることができるのでしょうか。

その答えが3Cの三つめ、「継続」です。

高級品にも低価格品にもそれぞれのコンセプトがあるように、「すごい人」にもあなたにもコンセプトは存在します。そのコンセプトを外見・主張・行動に反映し、一貫性を持たせることが重要だと、ここまでお伝えしてきました。

しかし、人々にあなたのコンセプトが知れわたり、共感してもらえるようになるまでには長い時間が必要です。

私の祖父が戦後間もない日本に本格的なフレンチを展開したときも、日本マクドナルド創業者の藤田田さんが米中心だった日本に新たな食文化であるハンバーガーを展開したときも、**おそらく人々はそのコンセプトや価値をすぐには理解できなかったはずです。**

けれども、それぞれのコンセプトを料理・接客方法・店舗の内装などに反映し、一貫性を持たせ、それを継続した結果、コンセプトが人々に認知・共感され、価値の最大化を実現したのだと思います。

つまり、あなたのコンセプトを人々に認知・共感させるためには、一貫性を持たせるだけではなく、それを継続することが不可欠なのです。

「継続」のさせ方―その❶

## コンセプトを反映し続ける、と決意する。

## ずっと続けてこそ価値は一〇〇倍になる

現在、ＥＤＭというジャンルの音楽が世界的なブームを巻き起こしています。ＥＤＭとはエレクトロニック・ダンス・ミュージックの略で、シンセサイザーなどでつくられた踊れる音楽の総称です。

アメリカのＥＤＭ市場規模は約一・五兆円ともいわれ、お祭り騒ぎが大好きなアメリカや、巨大フェスが多く開催されるヨーロッパを中心に、世界中で空前のムーブメントとなっています。

一九九七年にロサンゼルスで始まったElectric Daisy Carnivalや、一九九九年にマイアミでスタートし、二〇一四年には日本でも開催されたUltra Music Festivalなど、話題の巨大ＥＤＭフェスには世界中からファンが集まり、**数十万枚のチケットが一瞬で完売することも珍しくありません。**

このように、ＥＤＭは五輪やＷ杯と同じく、ワールドワイドで強烈な価値を持つコンテンツなのです。

そんなＥＤＭの特徴の一つに高額なチケットの存在があります。

一般的に、アーティストのライブチケットは七〇〇〇〜八〇〇〇円くらいが相場だと思います。ところが、一部のＥＤＭフェスでは通常のチケットが数万円から、ＶＩＰ席が数十万円から、そしてさらに高額のＶＶＩＰ席になると数**百万円の価格で販売されています。しかも、それらが一瞬で完売してしまうのです。**

これはチケットエージェントや悪質なダフ屋にふっかけられた価格ではありません。あくまでも正規価格です。この金額にプラスして、ＶＶＩＰ席で高価なシャンパンなどを次々に注文するような超富裕層が、ＥＤＭシーンには存在するのです。

二〇〇〇年初頭よりエイベックスでは、「サイバートランス」というブランドでEDMをプロモーションしていました。

当時はメジャーな海外DJをキャスティングしても、ギャラは一晩五〇万円程度だったと思います。ところが、**今彼らに出演オファーするには以前の一〇〇倍、五〇〇〇万円程度のギャラが必要です。**

経済誌フォーブスが発表した二〇一四年の世界のDJ年収ランキングによれば、一位のカルヴィン・ハリスの年収は約七九億円。パリス・ヒルトンはDJが本業ではありませんが、とあるクラブで四日間プレーして約三・二億円だったそうです。

世界中のフェスからオファーを受け、数年先までスケジュールが埋まり、一晩で数千万円を稼ぐトップDJたち。**今も一五年前も彼らがやっていることに**

**変わりはありません。**自分たちが好きな音楽を創造し、好きなようにプレーしているだけです。

しかし、一晩のギャラは一〇〇倍になった。

一つのことをずっと継続していたことで、価値が最大化したのです。

これは、音楽マーケットがＤＪの価値を認知・共感し、世界中の誰もが彼らの出演するフェスに行きたいと思うようになったからです。聴きたい、と思う人に対して会場の席数が足りないほど高値になる。**トリュフやキャビアが高価なのも、美味な上に希少だからです。**

絶対的なものさしはそこには存在しません。人の価値はあくまで相対的なものです。

それだけに、その価値に上限はない。

つまり、人の価値は無限に高めていくことができるのです。

「継続」のさせ方――その❷

**一つでもいいからずっと続ける。**

## 人の価値は不動産価格と同じような動きをする

ビジネス誌プレジデントによれば、日本国内の職業別平均年収は、内閣総理大臣が四一六五万円、プロ野球選手が三七四三万円、弁護士が二一〇一万円、パイロットが一七一三万円、医師が一二二七万円、フリーターが一〇六万円、民間の全平均は四〇八万円とのことです。

価値がすべて金銭に置き換えられるとは思いませんが、職業によってこれだけ年収差は生じます。

ちなみに**ダルビッシュ有選手のMLBテキサス・レンジャーズでの六年間の年俸総額は約七二億円です。**

**彼の年俸が高いのは、ひとえに彼がレアで価値ある存在だからです。**

身長一九六センチの長身、端整なルックス、真摯かつストイックな姿勢、あらゆる球種を最高レベルで投げる技術を持ち、WHIP（投球回当たりの与四球・被安打数合計）、防御率などの数値からもダルビッシュ選手が球界最高の投手の一人であることは間違いありません。

国内に四一七万人もいるといわれているフリーターの平均年収は一〇六万円。対して、世界に一人しかいないダルビッシュ選手の年俸は約一二億円。

では、フリーターは一生フリーターのままなのでしょうか？

ダルビッシュ選手のように高い年収を得ることはできないのでしょうか？


そんなことはありません。

価値を上げればいいのです。


**人の価値は不動産価格にも似ていて、いくら広大な土地でも人里離れた山中だと価値は高くない。しかし、そこに駅ができる、高速道路が通る、商業施設ができる、といった付加価値がついて評価が上がれば、不動産価格も跳ね上がります。**


同じく付加価値を持った人には、いつか必ず「欲しい！」と名乗りをあげる人が出てきます。

だから「継続」が重要なのです。

自分のコンセプトを反映し、一貫性のある生き方を続けていれば、あなたの価値は絶対に上がります。

一九九三年、五人のアメリカの少年たちがレコードデビューを目指し、グループを結成しました。若く、ルックスもいい彼らは、弛まぬ努力で高い歌唱力を身につけ、ホテルやシアターのロビーでア・カペラを歌い、地道に活動を開始しました。

その結果、一九九五年にメジャーレーベルからデビューできました。ところが残念なことに世界最大の音楽市場であるアメリカでは、当時、彼らの価値を評価してくれませんでした。**ボーイズグループが主流ではなかったからです。**

目の前に厳しい現実が立ちはだかったとき、彼らはどうしたでしょうか？

彼らは「継続」することを選択しました。

アメリカを離れてヨーロッパに活動の重点をおき、自分たちの価値をマーケットに認知・共感してもらうべく歌手活動を継続したのです。

やがて彼らの継続は実を結び、**アメリカ本国よりも先にヨーロッパ各国でヒット。**その後リリースされたデビュー・アルバムはヨーロッパ全土で大ブレイク。ヨーロッパ、アジア、オーストラリアを精力的にプロモーションでまわり、来日を果たしました。

アメリカでは無名の彼らでしたが、日本のファンの熱狂ぶりはプロモーション担当者だった私の想像をはるかに超えており、ライブ会場では急遽《きゅうきょ》、混乱が起きないようにバリケードを増設する対応を取ったのを昨日のことのように覚えています。

彼らの名前は「バックストリート・ボーイズ」。後に、ＣＤ総売上げが一億三〇〇〇万枚を超えるスーパーボーイズグループとなりました。

デビューから月日が経った現在も精力的に活躍する彼らのニュースを見るたびに、私は改めて**3Cはいつ始めてもいいのだと思わされます。**

今まで漫然と飲み屋に立ち寄ったり、だらだらとスマホでゲームをしていた時間を、自分の価値を高めるために使ってみませんか。

そうしてなにもしなかった人との差が明らかについたとき、あなたの価値が上がったと認められ、あなたの「評価（＝値段）」が上がります。

3Cを使えば、自分の価値はいくらでも高められるのです。

「継続」のさせ方—その❸

## 自分の価値が上がっていくと信じる。

## 知名度一〇〇パーセントにはならないからこそ続けることに意味がある

「Madonna（マドンナ）」は約二億六〇〇万件、「Michael Jackson（マイケル・ジャクソン）」は約一億七五〇〇万件、「Beatles（ビートルズ）」は約一億二六〇〇万件。

これは二〇一五年二月時点のインターネットでの検索ヒット数。知名度を簡単に調べる方法の一つです。

こうした世界的に知名度の高い人たちは、世界中に自分のコンセプトを認知・共感させることに成功した人たちといえるでしょう。

彼らは媒体やイベントなどに出演するときや、各種ビジネス、プロデュースのたびに、くり返し、くり返し、しつこいほど自らのコンセプトを継続して見せつけています。

**英単語や知らない知識を覚えるためには何度も何度も反復し、見たり、書いたりしないと記憶に残らないと思います。それと同じように、あなたの外見・主張・行動、コンセプトは、幾度となくくり返さないことには多くの人に認知・共感されません。**

価値を最大化することが仕事である私たちは、それを理解したうえでタレントやアスリートのブランド戦略を練り、どんなコンセプトを立てて一貫性を持って外見・主張・行動に反映し、継続していくかを考えています。

これは人にかぎらず、あらゆる企業の商品・サービス、ブランドであっても、同じことがいえるでしょう。

アップル、グーグル、トヨタが世界価値ランキング上位の企業になるためには多くの時間が必要でした。一八八六年に誕生したコカ・コーラが「特別なおいしさ」「変わらないすっきりした後味」というイメージを確立するには、**一〇〇年間変わらず同じ味を、同じ形のボトルで提供し続けなければいけなかった**のです。

これこそ3Cの「継続」です。

マーケティングの世界には「イノベーター理論」というものがあります。これは新しい技術や商品がどういった人たちにどのような順番で普及していくかを五段階に分けて説明する理論です。

まず、最初に新商品はイノベーターと呼ばれる層の人たちに普及します。彼らは冒険心にあふれ、新しいものを進んで採用する人たちですが、市場全体の二・五パーセント程度しかいません。**iPhoneの新機種が発売されると一週間前から店頭に並び、いち早く手にしようとするような人たちがいい例です。**

次に新商品に飛びつくのは、流行に敏感で自ら情報収集して判断する人たちであるアーリーアダプター、別名オピニオンリーダーと呼ばれる層です。続いて比較的慎重なアーリーマジョリティ。その次に、周囲の大半の人が試している場面を見てから購入するレイトマジョリティ。そして最後に、もっとも保守的なラガードへと続きます。

ヒットの鍵はごく少数派であるイノベーター、アーリーアダプターにどれほど普及するかにあるといわれており、商品のコンセプトを反映し続けることにより、ようやくラガードまで認知・共感させることができるのです。

アイドルグループ・AKB48のデビュー公演を観に来た観客はたった七人でした。しかし、「会いに行けるアイドル」というコンセプトは、七人のイノベーターから日本全国に広がり、今や説明不要の国民的アイドルグループとして認知されるようになりました。

しかし、全世界人口七二億人全員が彼女たちを知っているわけではありません。**マドンナやマイケル・ジャクソンでさえ、全世界、いや、日本人であっても全員が知っているわけではない**のです。

世界的な著名人でさえ、彼らの存在や彼らのコンセプトを知らない人が世界にはまだまだたくさんいます。当然、あなたのことやあなたのコンセプトを知らない人はさらに多いはずです。

だから、世間にあなたのことを知ってもらうには、継続していくしかないのです。

みなさんも「自分はこんな人間である」ということを外見・主張・行動を通

じ、何度も何度もくり返し、迷うことなく継続しましょう。
そうすれば、「わかってもらえないんだよなぁ……」ということは減るはずです。あなたの本当の価値を人々が認知・共感し、価値が最大化するはずです。

「継続」のさせ方―その❹
**自分のコンセプトを周囲に発信し続ける。**

## 大ブレイクはやめなかった人にしか訪れない

人気女性アーティストの倖田來未さんのデビューは二〇〇〇年。これまでに日本有線大賞、日本レコード大賞、日本ゴールドディスク大賞など、数々の音楽賞を受賞しています。

しかし、彼女の楽曲が初めて一位を獲得したのは、二〇〇五年にリリースした一九枚目のシングル「you」と、二〇〇六年リリースの五枚目のアルバム「Black Cherry」です。

若い女性を中心に絶大な支持を得た彼女ですが、**デビュー当時はクラブのフロアにお客さんが四~五人しか入っていないなかで歌うなど、今の姿からは想像できないような苦労を味わっています。**普通であればモチベーションが続かなかったり、逃げ出したくなったりするような状況のなか、下積みを続けた努力の人なのです。

現場に顔出しするため、彼女が出演するクラブにうかがったときのことです。

その日の彼女の出演時間はクラブがオープンして間もない時間帯。お客さんよりもフロアスタッフのほうが多く、本当にクラブ内はガラガラでした。それでも彼女は本当に心を込めて、一生懸命歌っていました。誰もいないクラブのフロアに向かって。

そんな姿に感心し、出番を終えた控え室で彼女に声をかけました。

「よかったよ、おつかれさま。時間帯も早かったし、まだお客さんは少なかったけどさ。ちゃんと続けていたら、絶対いい日が来るよ」と。

**さすがにしょげているかなと心配していましたが、倖田さんはいつもの元気な、キラキラした顔で言うのです。**

「ううん！　今日は来てくれてありがとう。うれしいんだけど、今日のできはイマイチやった。だからもう一回来て！

そしたらもっと喜んでもらえるステージにするから！　ね！　絶対！」

このとき私は確信しました。

こんな状況でもめげず、ポジティブで明るく、努力を惜しまない彼女の魅力は、必ず大勢の人に伝わるだろう。そして、観る人みんなを元気づけてくれる「すごい人」になるだろう、と。

**アスリートやアーティストのなかには生まれ持った才能で早くからブレイクする人もいれば、何年、何十年も鳴かず飛ばずで、遅咲きでブレイクしたという人もいます。**

倖田さんだけではありません。たとえば、アンパンマンの作者、やなせたかしさんが世に知られるようになったのは五〇代後半、アンパンマンの人気が出始めたころです。

海外に目を向けると、現代ハリウッドを代表する俳優の一人、ブラッド・ピットのブレイクは三一歳。ハリウッドきってのプレイボーイで、「永遠のバチェラー（独身男）」の異名を持っていたジョージ・クルーニーのブレイクは三三歳です。

ジョージ・クルーニーはテレビドラマ『ER緊急救命室』でブレイクしましたが、このドラマのオーディションを受ける際、**これで芽が出なければ故郷へ戻ろうと決めており、ポケットには長距離バスのチケットを忍ばせていた**そうです。

アーティストでもアスリートでも、会社員でも学生でも、「すごい人」になる人は厳しい状況でも言い訳をせず、決してあきらめない。チヤホヤされても浮かれない。

周囲に振り回されることなく、自分のやるべきこと、一貫性のある振る舞いをずっと継続しているのです。

「継続」のさせ方──その❺

## 自分のコンセプトが理解してもらえなくてもあきらめない。

## ブランディングのプロが恐れる、嫌われるよりも怖いこと

若いころにいくつかアルバイトをしましたが、スキーのインストラクターはいろいろと勉強になりました。スキーはなにかとお金がかかるスポーツですが、インストラクターとして働けば宿泊費もリフト代も無料で滑り放題。さらにバイト代までもらえるのですから、楽しくてしかたがありません。

なにより私のスキルを通じて、今までスキーの経験がなかった人が新しい楽しみを知る――人の人生が確実に豊かになることがうれしかったのです。

教える相手は主に修学旅行の高校生。スキー場ではインストラクター一人当たり、だいたい一二人から一三人の生徒を受け持ちます。学校のクラスにおける半分以下の生徒です。

「こんにちは！　今日から三日間いっしょにスキーを楽しみましょう」

こう挨拶すると、八～九割くらいの子は「よろしくおねがいします」と返答してくれる。ところが、必ずといっていいほど一～二割の子がまったく無視をするのです。不思議なことにこの割合はどこの学校の生徒を教えても同じ。

「なんでこんな寒いところにいなきゃならないの！」

「修学旅行なんか来たくなかったし～、どうでもいいし～」

そんな、半ばふてくされた生徒が必ずいるのです。

それが**三日間のうちに打ち解けて、最後に「先生と別れたくない」「ありがとうございました！　先生のことは一生忘れません」とボロボロ泣いてしまうのは、最初に文句を言っていた一～二割の生徒たち。**この現象も判で押したように一緒です。

この話で何をお伝えしたいかというと、好きの反対は嫌いではないということです。

コンセプトに則った外見や主張、行動を継続していると、あなたに好意的な人も増えますが、同時に否定的な人も出てきます。

ダルビッシュ有選手にしても本田圭佑選手にしても、「すごい人」たちへは好意的な記事や報道がある一方で、ひどく中傷的なものもあります。成績がふるわなかった、ファッションが気に入らなかった、発言が不遜だと、さまざまな理由でたいへんネガティブな報道や批判にさらされます。

しかし、**悪口ではやし立てるのは少なからず気になっている証拠。**「ムカつく」「嫌いだ」と言っている人ほど、その選手のブログやスケジュールをしっかりチェックしていたりするものです。

では、私たちマネジメントの専門家が最も恐れるのは何か?

それは「嫌い」ではなく、「無関心」です。

「好き」の真逆にあるものは「無関心」——なにをしようが、どこに行こうが見向きもされない。視聴者やファンから忘れ去られるのが一番怖いのです。

スキーのアルバイトのときも「なに、この先生!?」と言っている子は、私のことが「気になっている」のであり、なにかきっかけさえあればすぐに仲よくなりました。

一方、**私のことが本当に「嫌い」だった生徒は「はいはい」と素直にレッスンを受けていた生徒のなかにいた**のです。彼らにとって私はいてもいなくてもいいし、はっきり言ってどうでもいい。そんな無関心な存在だったのかもしれないと今になって思います。

コンセプトを決め、それに合った振る舞いを継続していると、あなたの存在感は否応なく増していきます。すると、陰口をたたかれることもあるでしょう。

嫌がらせもあるかもしれません。

言っておきますが、日本はまだまだ出る杭は打たれる社会です。どんなに言動に一貫性を持たせ、継続してもあなたのことを嫌う人は一定数いるでしょう。けれど、それらは**価値を認められた証拠**でもあります。相手に妬みや焦りを覚えさせるほどの力をあなたが持っているということに他なりません。

ですから、気にしないことです。誰の記憶にも残らない――そのほうが私は怖いと思います。

「継続」のさせ方――その❻

## 嫌われたら「ファンが増えるチャンス」と考える。

## 切迫感を持たない者は一流にはなれない

一般企業の定年は六〇～六五歳。

では、アスリートの平均引退年齢はどれぐらいでしょうか。

ためしにインターネットで調べてみると、サッカー選手は二五～二六歳、プロ野球選手は二九歳、バレーボール選手は三〇代、相撲取りは三一歳といわれているようです。

いずれにせよ、多くのアスリートは三〇代という、**一般企業の定年の約半分にあたる年齢で引退することになる。**とても厳しい世界です。

もちろん例外もあります。

たとえば、プロ野球の山本昌《やまもとまさ》選手は一九六五年生まれ。サッカーの三浦知良《みうらかずよし》選手は一九六七年生まれ。どちらも現役最年長選手です。

彼らのような選手は非常に稀で、現実は残酷です。

アスリートが活躍できる期間は非常に短く、それゆえに彼らはあと何年、何か月、何日間プレーできるのか、**選手としての残り時間を意識しながら今やるべきことを考え、行動しています。**

そのためトップアスリートたちはみんな、人生のかなり早い段階で「選手になる」「プロになる」とゴールセットしています。そして、望み通りプロになった後も勝利や必ず訪れる引退の日を考えて、今なにをすべきか逆算して生きているのです。引退後のセカンドキャリアを考えているアスリートも少なくありません。

しかし、よくよく考えると、残された時間が有限なのはアスリートにかぎった話ではありません。

私たちにも同じく人生の残り日数があります。

人生八〇年として三万日に欠けるくらい。**あなたがもしも四〇歳を過ぎていたら、残り日数はおよそ一万五〇〇〇日でしょうか。**

一万五〇〇〇日。自分で選んだ食事をおいしく食べられるのもあと何回あるのか。そう思うと、たかが一回の食事であっても、身体と心の平穏のために一食一食吟味し、家族や大切な人と一緒にありがたくいただきたいと思うのではないでしょうか。

忙しい日はコンビニで済ますこともあるかもしれませんが、あなたにはあと一万五〇〇〇日しかありません。今までのようになにも考えず、「面倒だからカップラーメンでいいや」「おいしいから唐揚げとお菓子で済まそう」と、栄養が偏り、**お腹《なか》をふくらませるだけの食事で貴重な一食を済ませてしまうなど、もったいないと思いませんか。**

日常生活のありとあらゆる場面に選択が存在します。この貴重で有限な時間をいつ、誰と、どのように過ごしたいかは真剣に選んで当然です。

あと何回、愛する人の笑顔を見られるのか。あと何回、離れて暮らす両親に感謝を伝えられるのか。あと何回、すばらしい旬の食材を楽しめるのか――。

そう考えると一分一秒が愛おしくなると思います。

私は**限られた時間をよりあなたらしく、よりあなたの価値を高めるために使って欲しい**と心から願っています。そのために、あなたの価値を最大化させる技術、「3C」は存在します。

四〇歳を過ぎたあなたの人生の残り日数は一万五〇〇〇日しかない。けれど、あと一万五〇〇〇日もある。

あと一万五〇〇〇日、一貫性のある生き方を継続できれば、今よりもっとあなたの価値は高まります。

あなたの人生の価値を今日から最大化しましょう。

「継続」のさせ方――その❼
**自分に残された時間を意識する。**

## 3C成功の秘訣は「生きる意味」を見つけること

二〇一五年三月一七日、ダルビッシュ有選手は右肘内側側副靱帯移植手術（通称トミー・ジョン手術）を受けました。シーズン開幕前に痛めてしまった右肘の靱帯を治すためです。

彼は施術前日にブログで手術に対する覚悟と野球への思いを語りました。

「この手術は一〇〇パーセント帰ってこられるわけではありません。
帰ってこられない可能性もあるのです。
ただ強がりではなく不安も怖さもありません。
二〇歳の時に決めた事があります。
**『いつ終わってもいいようにどんな事にも妥協だけはしないでおこう。』**です。
それを今まで一日たりとも欠かさず守ってきました。
なので今までの野球人生に悔いはないのです。」

野球のピッチャーにとって、利き腕の靱帯は命に勝るとも劣らない重要なものので、いわば商売道具。損傷の度合いによっては手術をせず、別の治療方法を選択する場合もありますが、ダルビッシュ選手は手術を選択しました。

もちろん、**メスを入れてしまった靱帯が元の状態に戻る確率は一〇〇パーセントではありません。**また、手術が成功しても、その後には長期のリハビリが待ち受けており、完全復活には一年から一年半ほどかかるといわれています。

けれども、手術をすることに迷いや躊躇は一ミリもありませんでした。彼には手術が新たなスタートであり、**愛する野球界の〝発展〟に繋がることだという強い信念があるからです。**

ダルビッシュ選手の野球に対する情熱は並大抵ではありません。

たとえばそれは、**高額な年俸に関して執着がない**ことからも見てとれます。ドラフトの際は「どこでも何巡目でも行くと決めていた。高い年俸もらって、世間からうらやましがられる職業なのに、あれこれ言うほうがおかしいですよ」とピシャリと言って話題になったほどです。

彼を見ていると、本当に野球が生きる意味そのものなのだなと思います。

大リーガーに登りつめるためには「好き」だけではどうにもならない。体型も才能も、血を吐くような努力も必要で、そんなに甘い世界ではありません。「プロ野球選手になりたい」と言うのは簡単ですが、実際にプロに入り、一軍で、ましてや大リーグで活躍するなど並の努力では叶えられないでしょう。

それでもダルビッシュ選手が野球の道を選んだのは、野球を愛しているから。

**もし彼がもっとヘタな選手で、二軍で、給料が安かったとしてもやっぱり野球を続けていると思うのです。**

彼にとっては、野球をすることが何よりも大切なのです。

自らの名声や富のためではなく、チーム、そして野球界に貢献したいという信念があるからこそ、明確なゴールイメージ（コンセプト）を外見や主張、行動に反映させ、ずっと継続することができるのです。

おそらく、彼はこれからもそういう生き方をしていくのでしょう。そしてきっと、今回のトミー・ジョン手術も乗り越え、ファンのみなさんの前に戻るため、最大限の努力をしていくはずです。

あなたはなんのために生きていますか?

心豊かになるため、夢を実現するため、家族のため、あるいはただしかたなく——人によってその理由はさまざまだと思います。

しかし、理由は重要ではありません。それよりも、「なんのために生きているのか」と自分自身に問いかけることのほうが重要です。

どんなに一貫性のある振る舞いも、一度きりでは意味がありません。

「継続は力なり」という言葉がありますが、まさにその通り。**続けることで初めて一貫性のある振る舞いに説得力や真実味が備わり、あなたの価値が高まっていきます。**

もちろん、何事も継続することが一番難しい。挫折してしまいそうなときもあるでしょう。そんなときは、自分がなんのために生きているのかぜひ考えてみてください。

「生きる意味」を考えることこそ、３Ｃを成功させる秘訣なのです。

「継続」のさせ方――その❽

## 自分が生きる意味を考える。

## ◉エピローグ◉

今まで、多くのアーティストやアスリートたちがその活躍によって社会に笑顔と感動を届けてきました。

しかし、両者には大きく異なる部分があります。

それは「感動」の位置づけと提供方法です。

アーティストの目的が人々を感動させることであるのに対し、アスリートの目的は試合で結果を出すこと。人々を感動させることはアスリートたちにとって副次的なものであり、第一目的ではありません。

また、日本語で歌うアーティストは日本語を理解できる人にしかアプローチできないように、多くのアーティストは言葉の壁を乗り越えることが困難です。

そして、ある程度の時間をかけて感動を提供することになります。

一方、アスリートのことを知ったり、プレーを見たりするのに言葉の壁は存在しないので、世界七二億人がマーケットです。しかも、偶発的ではありますが、一瞬のプレーで世界中を感動させられる可能性を秘めています。

とはいっても、アーティストもアスリートも「感動させる」という意味では、同じエンタテインメントコンテンツです。歌手の歌声に涙したり、サッカー選手のワンプレーが人々を熱狂させたりするのは万国共通でしょう。

ところが日本では、長きにわたりアスリートは「有名な一般人」扱いでした。たとえば、試合以外の媒体・イベントに出演するときは、彼らにはスタイリストはつかず、衣装は私服。もちろん専属のヘアメイクもいません。出演するイベントのなかには、カラオケ大会や忘年会の延長のようなものもありました。また、インタビュー原稿をチェックする専門スタッフもおらず、出演するＣＭもただ「有名である」だけで起用されるものばかり。スキー用品のＣＭになぜかプロ野球選手がユニフォーム姿で出演したり、インスタントラーメンのＣ

Mにサッカー選手がお笑い芸人のようなコミカルな動作で出演したりしていたのです。

つまり、コンセプトを外見・主張・行動に反映させて一貫性を持たせ、継続させ、価値を最大化させるという、今私たちが行っているようなことを専門にしているプロのマネジメント組織が存在しなかったのです。

そんな状況もあり、今から十数年前、私がアスリートのマネジメントを始めたころは、アスリート個人の「ブランディング」や「価値の最大化」という考えはまだ理解してもらえる環境ではありませんでした。

「それなら自分でやろう」

私はそう思いました。

自分が持っているエンタテインメント業界でのノウハウを駆使して、アスリートの個人活動・芸能活動を支え、彼らの価値を最大化し、スターをスーパースターに成長させたい。そして、世界に多くの笑顔を届けたい。

そう思ったのです。

それまで国内外のアーティストのプロモーターとして、アーティストの価値を最大化させることに従事していた私にとって、アスリートのブランディングは大いなる挑戦であり、夢でもありました。

おかげさまで、これまでに数多くの「すごい人」たちの価値を最大化するお手伝いをさせていただくことができました。

そうしたなかで、間違いなくいえることがあります。

それは、３Ｃで人の価値は無限に高めていくことができる、ということ。

「私は、本当はこういう人間なのに、なかなか理解してもらえない」

そんなフラストレーションを抱えている人にこそ、この「３Ｃ」をおすすめしたい。私はそう思っています。

ご自身のフィールドで「すごい人」になるために、そしてなにより、毎日を心地よく生きるために、このセルフブランディングの方法がなにか一つでもお役に立つことを願うばかりです。

二〇一五年四月

著者

**伊藤正二郎**（いとう・しょうじろう）
エイベックス・スポーツ株式会社代表取締役社長。
94年、イベント会場でグッズ販売のアルバイトをしていたところ、当時売り出し中だったアーティストのボディガードとしてエイベックスにスカウトされる。その後、洋楽のプロモーターとしてエイベックスに入社。ブリトニー・スピアーズ、バックストリート・ボーイズ等の世界的スーパースターや、ディズニーのサウンドトラック、ダンスミュージック、K-POPなどの楽曲をプロモートし、数多くのヒットを創出。2000年からは全国エリアのプロモーターとして邦楽トップアーティストたちのプロモートに参画。02年、スポーツ事業を社内で立ち上げ、13年、エイベックス・スポーツ株式会社を設立。エンタテインメント業界で培ったノウハウを活用したマネジメントとブランディング手法でスポーツ、トップアスリートなどの価値最大化を実現している。

# すごい人のすごい流儀

2015年5月10日　初版印刷
2015年5月20日　初版発行

著　者　伊藤正二郎

発行人　植木宣隆

発行所　株式会社サンマーク出版
東京都新宿区高田馬場2-16-11
（電）03-5272-3166

印　刷　三松堂株式会社

製　本　村上製本所

定価はカバー、帯に表示してあります。落丁、乱丁本はお取り替えいたします。

ISBN978-4-7631-3375-5　C0030
ホームページ　http://www.sunmark.co.jp
携帯サイト　http://www.sunmark.jp

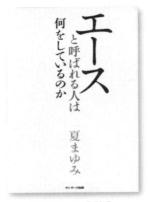